本書

JN011070

試験突破への
合格率9割超のプロ講師が伝授！

数的処理講師
たくまる

本書は、公務員試験専門オンライン予備校「公務員のライト」のたくまる講師とかずま講師が執筆しています。受講者の9割超を合格に導いてきた、数的処理と知識系科目が超速で解ける合格テクニックを1冊に凝縮。「本当に知りたかった知識」が、初学者でも独学者でも楽しく着実に身につきます！

知識系科目講師
かずま

 ＼ **本書の4大ポイント！** ／

1 合格率9割超の講師が合格テクニックを解説

公務員の一次試験で出題される数的処理と知識系科目の必修テーマの解法を、合格率9割超を誇る「公務員のライト」のプロ講師がわかりやすく解説。本書を読んで学べば合格へ一直線！

2 勉強時間がない人でも安心の超速テクニック集

「公務員のライト」のYouTubeでも人気の解答テクニックとゴロあわせを掲載。勉強時間がない人でも、本書を読めば難解な数的処理や範囲が膨大な知識系科目の問題が超速で解けるようになります！

3 過去問ベースの問題でアウトプットも◎

各テーマには、過去問をベースにした例題や練習問題を掲載。解説を読んで解法などをインプットし、各問題を解いてアウトプットすることで、知識が確実に定着します。

4 赤シート付＋見開き完結！

解き方のポイントや重要語句などを付属の赤シートを使って隠しながら覚えられます。また、試験の必修テーマが基本的に見開き完結でまとまっているため、テンポよく学ぶことができます。

超速テクニック＋ゴロあわせで
公務員一次試験を超速で突破！

How to Use 1 　数的処理

必修テーマが超速で解けるテクニックを、
例題と練習問題でわかりやすく解説！

①テーマ
試験で問われやすい
必修テーマを掲載

④暗記ポイント
解説のなかで重要なポイントを赤字で
掲載。付属の赤シートを使って覚えよう

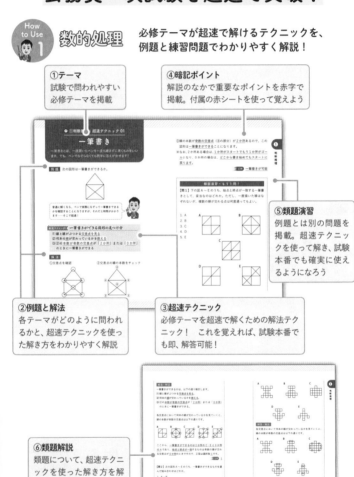

⑤類題演習
例題とは別の問題を
掲載。超速テクニッ
クを使って解き、試験
本番でも確実に使え
るようになろう

②例題と解法
各テーマがどのように問われ
るかと、超速テクニックを使っ
た解き方をわかりやすく解説

③超速テクニック
必修テーマを超速で解くための解法テク
ニック！　これを覚えれば、試験本番で
も即、解答可能！

⑥類題解説
類題について、超速テクニ
ックを使った解き方を解
説。しっかり読んで解法
を身につけよう

4

3分で学んで10秒で解ける！

たくまる&かずまの

公務員教養試験

超速

テクニック集

著

たくまる、かずま

（三木拓也）（山崎和真）

本書には、「赤色チェックシート」がついています。

KADOKAWA

　こんにちは！　公務員試験専門オンライン予備校「公務員のライト」講師のたくまるとかずまです。

　公務員試験は一次の筆記試験科目がとても多く、加えて専門科目試験、論文、面接と、合格を勝ち取るうえで越えなければならない壁が多くあります。そうしたなかで、受験生の勉強を少しでも楽にしたいとの思いから本書を執筆しました。

　本書は、「公務員のライト」の YouTube チャンネルで大人気の「3 分見れば 10 秒で解ける数的処理」「即 1 点　最強の語呂合わせ」という 2 つの動画シリーズを書籍化したものです。

　数的処理では、難解に見える問題でも 10 秒で解くためのテクニック、または解き方が 10 秒で思い浮かぶテクニックを紹介しています。試験では、数字は異なるものの解き方はまったく同じ問題が繰り返し出されていますから、本書の超速テクニックを覚えることで、実際の試験でも数字を置き換えるだけで素早く問題を解くことが可能です。

　知識系科目に関しては、公務員試験の筆記試験は選択式ですので、選択肢を絞ることができれば解答できます。本書では、その道筋になるゴロあわせを試験の頻出単元に絞って掲載しています。試験まで時間がない方、暗記が苦手な方に特にオススメです。

　「公務員のライト」では、本書のように最短・最速で公務員試験合格を勝ち取るための講座・コンテンツを多数、無料配信しています。少しでも受験生の力になりたいと思い、配信していますので、本書とあわせてぜひご利用いただければと思います。

　公務員試験は長く大変な道のりですが、皆様の合格を心よりお祈りいたします。

公務員試験　数的処理講師・たくまる
知識系科目講師・かずま

知識系科目

覚える範囲が膨大でもこわくない！
ゴロあわせで確実に知識が定着！

①テーマ
本試験に向けて押さえて
おくべき必修テーマを掲載

④例題
ゴロあわせを覚えることで解ける問
題を掲載。チャレンジしてみよう！

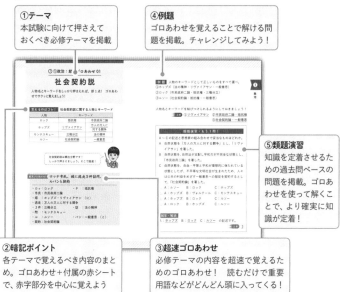

⑤類題演習
知識を定着させるた
めの過去問ベースの
問題を掲載。ゴロあ
わせを使って解くこ
とで、より確実に知
識が定着！

②暗記ポイント
各テーマで覚えるべき内容のまと
め。ゴロあわせ＋付属の赤シート
で、赤字部分を中心に覚えよう

③超速ゴロあわせ
必修テーマの内容を超速で覚えるた
めのゴロあわせ！　読むだけで重要
用語などがどんどん頭に入ってくる！

まとめ

数的処理の「判断推理」や知識系科目の
「政治」などの各パートの終わりに、「ま
とめ」を掲載。本編で学んだ内容がま
とまっているので、復習や直前期の学
習などに活用しよう。

楽しく学びながら
必須の知識を身につけよう！

1. 公務員の種類と試験の流れ

公務員は「**国家**」と「**地方**」の2種類に大別され、そのなかに「**行政職**」と「**公安職**」があります。

国家	国会、内閣（本府省・出先機関）、裁判所などの国の機関で働く職員
	行政職：総合職・一般職・国税専門官・労働基準監督官・財務専門官・裁判所事務官・国立大学職員など
	公安職：海上保安官・入国警備官・皇宮護衛官・自衛官・衛視など
地方	都道府県や市区町村などの地方自治体で働く職員
	行政職：都道府県庁・学校事務・警察事務・市区町村職員
	公安職：消防官・警察官

試験は、それぞれの職種について「**筆記試験（一次）＋人物試験（二次）**」で構成されていることが多いです。本書では、そのうちの「筆記試験」の「教養」対策ができます。

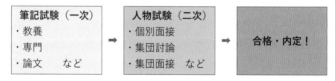

警察官と消防官は、これらに加えて「体力試験」があります。各試験の詳細は、自分が志望する受験先の募集要項（自治体のウェブサイトなど）を見て確認しましょう。

2. 筆記試験（教養）の出題内容例

筆記試験の教養では、次ページの表のように**幅広い知識**が問われます。本書では文章理解・時事・世界史・国語・数学以外の科目を扱っていますので、合格に必要な力を十分に身につけられます。

分野・科目			特別区	国税	国家一般職	地方上級	警視庁	東京消防庁
一般知能	文章理解	現代文	5	6	6	3	6	5
		英文	4	5	5	3	4	3
	数的処理	判断推理	15	8	8	8	15	10
		数的推理		5	5	4		
		資料解釈	4	3	3	2	2	5
一般知識	社会科学	政治	4	2	2	3	4	3
		経済		1	1	3	1	1
		時事	4	3	3	3	4	3
	人文科学	日本史	1	1	1	2	2	1
		世界史	1	1	1	2	2	1
		地理	1	1	1	1	2	1
		国語	0	0	0	0	2	2
		思想	1	1	1	0	2	0
	自然科学	数学	0	0	0	1	0	4
		物理	2	1	1	1	1	2
		化学	2	1	1	1	1	2
		生物	2	1	1	2	1	2
		地学	2	0	0	1	1	0
合計			48（※）	40	40	40	50	45

※特別区の一般知識は、20問中、12問を選んで解答（一般知能28問と合わせて40問を解答）

3. 筆記（一次）試験の倍率

　最後に、一次の筆記試験の倍率についてです。一例として「事務・特別区（大卒）」（過去5年）の一覧を掲載します。

年度	採用予定者数	申込者数	一次受験者	一次合格者	筆記倍率
R4	983	9,374	8,417	4,246	1.98
R3	874	11,449	9,019	4,098	2.20
R2	906	14,339	8,121	4,791	1.70
R1	966	13,296	11,501	4,244	2.71
H30	1,130	14,998	12,718	4,505	2.82

　このように筆記試験の倍率は、**低下傾向**にあり、「勉強ができないと合格できない」というイメージは変わりつつあります。

　一方で近年では、**人物試験の配点が高くなっています**。そのため、筆記試験対策は本書を使って最小限にし、**重視される人物試験対策に力を入れることが合格のカギ**となります。

試験合格への8つのオススメ勉強法

1. 数的処理編

❶①基礎⇒②応用⇒③過去問と段階的に学ぶ

　応用問題や過去問から解くと内容が難しいため、苦手意識がついてしまいます。したがって**最初は基礎問題をたくさん解き**、応用問題→過去問へと段階的に学習していきましょう。

❷時間を意識して問題を解く

　試験では時間内に問題を解く必要があります。そのため、普段から**時間を意識して解く**ようにしましょう。これにより、本番に対応する力が身につきます。

❸毎日問題を解く

　数的処理の問題が解けるようになるには、**見たこと・解いたことがある問題を増やす**ことが大切です。そのために「1日〇問解く」と決めて、毎日確実にこなすようにしましょう。

❹模擬試験・過去問を解く

　模試や過去問を解くことで**出題傾向が掴めます**。また、時間配分の訓練や自身の弱点の把握、勉強の方向性の修正などにも有効です。

2. 知識系科目編

❶インプット3割、アウトプット7割

　インプット：テキストを読み込む、暗記する

　アウトプット：問題を解く、人に教える、情報をまとめる

　問題を解くにはインプット（知識）が必要ですが、大切なのは**覚えた知識を使って問題が解けるようになる**ことです。そのため、アウトプット（問題演習）に重きを置き、それと同時にインプットを

行うことを意識しましょう。また、問題を解く際には、**試験でどんな問題が出るかを把握**しましょう。出題傾向を知ることで、覚えるべきことが明確になります。

❷誤りの選択肢をチェック

　問題演習をしているのに得点が伸びないといった悩みがある受験生のほとんどは、誤りの選択肢のチェックを怠っているところに原因があります。

　誤りの選択肢のどの部分が誤りで、正しい答えは何かを解説などでしっかり確認しましょう。それにより、知識の整理や新たな知識の定着にもつながり、応用問題や過去問に対応できる力が身につきます。

❸前日に覚えた知識を、翌日の朝に確認

　例えば、前日に「政治」の「人権の分類」を覚えた場合、翌日の朝に、人権の分類が何も見ずに言えるかを確認します。これにより**知識が定着しやすく、本試験での対応力が身につきます。**

❹模擬試験や過去問を解くことを意識

　試験合格のためには、**本試験で問題が解ける必要**があります。①知識のインプット⇒②暗記できたかの確認で満足してしまう人が多いですが、「暗記できた＝問題が解ける」ではありません。そのため、**暗記をしたら必ず過去問などを解き、暗記した知識で問題が解けたかを確認**しましょう。

　「公務員のライト」では、毎月無料模試を実施しているので、数的処理や知識系科目の腕試しとしても活用してみてください。

目次

はじめに ⋯⋯⋯⋯⋯⋯⋯⋯⋯⋯⋯⋯⋯⋯⋯⋯⋯⋯⋯⋯⋯⋯⋯⋯ 2

本書の特徴 ⋯⋯⋯⋯⋯⋯⋯⋯⋯⋯⋯⋯⋯⋯⋯⋯⋯⋯⋯⋯⋯⋯ 3

本書の使い方 ⋯⋯⋯⋯⋯⋯⋯⋯⋯⋯⋯⋯⋯⋯⋯⋯⋯⋯⋯⋯⋯ 4

公務員試験の概要 ⋯⋯⋯⋯⋯⋯⋯⋯⋯⋯⋯⋯⋯⋯⋯⋯⋯⋯ 6

試験合格への8つのオススメ勉強法 ⋯⋯⋯⋯⋯⋯⋯ 8

第1章　数的処理・超速テクニック編

①判断推理01　一筆書き ⋯⋯⋯⋯⋯⋯⋯⋯⋯⋯⋯⋯⋯⋯ 16

①判断推理02　船渡し ⋯⋯⋯⋯⋯⋯⋯⋯⋯⋯⋯⋯⋯⋯⋯ 20

①判断推理03　必勝法 ⋯⋯⋯⋯⋯⋯⋯⋯⋯⋯⋯⋯⋯⋯⋯ 24

①判断推理04　油分け算 ⋯⋯⋯⋯⋯⋯⋯⋯⋯⋯⋯⋯⋯ 26

①判断推理05　天秤 ⋯⋯⋯⋯⋯⋯⋯⋯⋯⋯⋯⋯⋯⋯⋯⋯ 30

①判断推理06　嘘つき① ⋯⋯⋯⋯⋯⋯⋯⋯⋯⋯⋯⋯⋯ 32

①判断推理07　嘘つき② ⋯⋯⋯⋯⋯⋯⋯⋯⋯⋯⋯⋯⋯ 36

①判断推理08　集合の最少人数 ⋯⋯⋯⋯⋯⋯⋯⋯⋯ 40

①判断推理09　ハノイの塔 ⋯⋯⋯⋯⋯⋯⋯⋯⋯⋯⋯⋯ 44

①判断推理10　正八面体の展開図 ⋯⋯⋯⋯⋯⋯⋯⋯ 48

①判断推理11　円の分割 ⋯⋯⋯⋯⋯⋯⋯⋯⋯⋯⋯⋯⋯ 52

判断推理編 知識総まとめ ⋯⋯⋯⋯⋯⋯⋯⋯⋯⋯⋯⋯ 54

②数的推理・資料解釈01　時計算 ⋯⋯⋯⋯⋯⋯⋯⋯ 56

②数的推理・資料解釈02　道順 ⋯⋯⋯⋯⋯⋯⋯⋯⋯ 60

②数的推理・資料解釈03　魔方陣 ⋯⋯⋯⋯⋯⋯⋯⋯ 66

②数的推理・資料解釈04　切断面の面積 ⋯⋯⋯⋯ 70

②数的推理・資料解釈 05 角度の総和 ———————————————————— 72

②数的推理・資料解釈 06 直角三角形の内接円 ————————————— 76

②数的推理・資料解釈 07 正三角形の内接円 ———————————————— 80

②数的推理・資料解釈 08 正三角形の外接円 ———————————————— 84

②数的推理・資料解釈 09 角の二等分線 ————————————————————— 88

②数的推理・資料解釈 10 資料解釈 —————————————————————————— 92

数的推理・資料解釈編 知識総まとめ ————————————————————————— 98

Column 合格のために知っておきたい受験者の動向 ————————————100

第2章 知識系科目・超速ゴロあわせ編

①政治 01 社会契約説 ———————————————————————————————————— 102

①政治 02 アメリカの大統領 ———————————————————————————— 104

①政治 03 新しい人権 ———————————————————————————————————— 106

①政治 04 人権の分類 ———————————————————————————————————— 108

①政治 05 社会権 ——————————————————————————————————————— 110

①政治 06 労働三法 —— 112

①政治 07 国会の権能 ———————————————————————————————————— 114

①政治 08 衆議院の優越 ————————————————————————————————— 116

①政治 09 内閣の権能 ———————————————————————————————————— 118

①政治 10 内閣総理大臣の権能 ———————————————————————— 120

①政治 11 裁判所 ——————————————————————————————————————— 122

①政治 12 直接請求権 ———————————————————————————————————— 124

①政治 13 憲法改正 —— 126

政治編 知識総まとめ ——————————————————————————————————— 128

②経済01 経済学者 ———————————— 132

②経済02 企業の拡大と結合 ———————— 134

②経済03 景気循環 ———————————————— 136

②経済04 税 ——————————————————————— 138

②経済05 金融政策 ———————————————— 140

②経済06 財政政策 ———————————————— 142

②経済07 インフレ・デフレ ———————— 144

経済編 知識総まとめ ———————————— 147

③地理01 大地形 ———————————————————— 150

③地理02 沖積平野 ———————————————— 152

③地理03 沈水海岸 ———————————————— 154

③地理04 気候 ——————————————————————— 156

③地理05 土壌 ——————————————————————— 158

③地理06 地図 ——————————————————————— 160

③地理07 アメリカの農業 ———————————— 162

③地理08 経済特区 ———————————————— 164

③地理09 東南アジア ———————————————— 166

③地理10 ASEAN原加盟国 —————————— 168

③地理11 日本の海流 ———————————————— 170

地理編 知識総まとめ ———————————— 172

④思想01 ギリシャ思想 ———————————— 176

④思想02 経験論・合理論 ———————————— 178

④思想03 実存主義 ———————————————— 180

④思想04 中国思想 ———————————————— 182

④思想05 近代西洋思想 ———————————— 184

④思想06 近代日本思想 ———————————— 186

思想編 知識総まとめ ———————————— 188

⑤日本史01 江戸の三大改革 ———————————— 190

⑤日本史02 享保の改革 ———————————— 192

⑤日本史03 寛政の改革 ———————————— 194

⑤日本史04 天保の改革 ———————————— 196

⑤日本史05 日清戦争 ———————————— 198

⑤日本史06 歴代内閣 ———————————— 200

⑤日本史07 常任理事国 ———————————— 202

⑤日本史08 鎌倉仏教 ———————————— 204

⑤日本史09 不平等条約改正 ———————————— 206

日本史編 知識総まとめ ———————————— 209

⑥生物01 細胞小器官 ———————————— 212

⑥生物02 原核生物・真核生物 ———————————— 214

⑥生物03 DNA ———————————— 216

⑥生物04 呼吸 ———————————— 218

⑥生物05 酵素 ———————————— 220

⑥生物06 神経系 ———————————— 222

⑥生物07 脳 ———————————— 224

⑥生物08 ホルモン ———————————— 226

⑥生物09 植物ホルモン ———————————— 228

⑥生物10 肝臓 ———————————— 230

⑥生物11 免疫 ———————————————————— 232

生物編 知識総まとめ ———————————————— 234

⑦地学01 地球の内部構造 ————————————— 238

⑦地学02 地震 ————————————————————— 240

⑦地学03 火成岩 ——————————————————— 242

⑦地学04 大気圏 ——————————————————— 244

⑦地学05 惑星 ————————————————————— 246

⑦地学06 太陽 ————————————————————— 248

⑦地学07 ケプラーの法則 ———————————— 250

⑦地学08 化石 ————————————————————— 252

地学編 知識総まとめ ———————————————— 254

⑧物理・化学01 オームの法則 ————————— 258

⑧物理・化学02 炎色反応 ——————————— 260

⑧物理・化学03 元素 ——————————————— 262

⑧物理・化学04 同素体 ————————————— 264

⑧物理・化学05 電磁波 ————————————— 266

物理・化学編 知識総まとめ —————————— 268

おわりに ——————————————————————— 270

本文デザイン・DTP／次葉　　　　　イラスト／大塚たかみつ

校正／鷗来堂　　　　　　　　　　　編集協力／城戸千奈津

本書は原則として、2023年3月時点での情報を基に原稿の執筆・編集を行っております。試験に関する最新情報は、試験実施機関のウェブサイト等にてご確認ください。また、本書には問題の正解などの赤字部分を隠すための赤シートが付属しています。

第 1 章

数的処理・
超速テクニック編

本章では、数的処理の問題を超速で解けるテクニックを紹介します。数的処理や計算が苦手な方は、思考ではなく、テクニックの暗記で乗り切りましょう！　なお、問題によっては超速テクニックを使うための条件がありますので、過去問集などを解く際には、条件に該当するかをまず確認するようにしましょう。

一筆書き

一筆書きとは、一度置いたペンを一度も離さずに書くものをいいます。でも、ペンでなぞらなくても簡単に答えが出せます！

例 題 次の図形は一筆書きができるか。

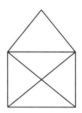

> 普通に解くなら、ペンで実際になぞって一筆書きできるかを確認することになりますが、それだと時間がかかります……そこで超速！

超速テクニック！ 一筆書きができる図形の見つけ方

(1) 線と線がぶつかる交差点を見る
(2) 何本の線が交わっているかを数える
(3) (2)の本数が奇数の交差点が「2か所」または「0か所」のときに一筆書きができる

解 法

①交差点を確認

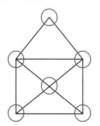

②交差点の線の本数をチェック

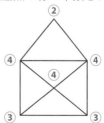

③線の本数が**奇数の交差点**（③の部分）が**2か所**あるので、この図形は**一筆書きができる**ことになります。

※なお、2か所ある場合は、**1か所がスタートでもう1か所がゴール**となり、0か所の場合は、**どこから書き始めてもスタートに戻ります**。

正解 一筆書きが可能

類題演習・もう1問！

【問1】 下の図A〜Eのうち、始点と終点が一致する一筆書きとして、妥当なのはどれか。ただし、一度描いた線はなぞれないが、複数の線が交わる点は何度通ってもよい。

1. A
2. B
3. C
4. D
5. E

A

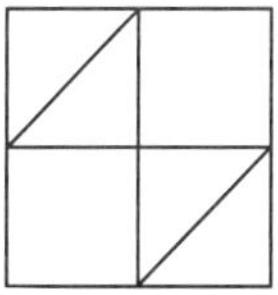

B

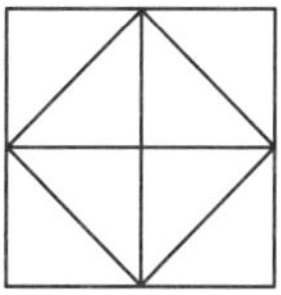

C

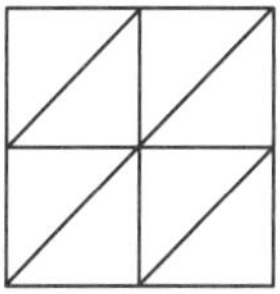

D

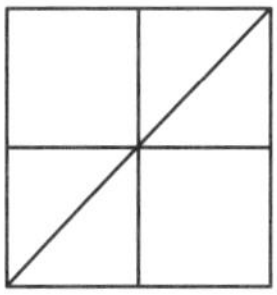

E

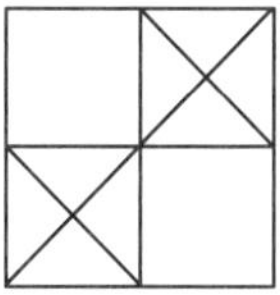

一筆書きができるかは、以下の通り検討します。

(1) 線と線がぶつかる交差点を見る。

(2) 何本の線が交わっているかを数える。

(3) (2)の本数が奇数の交差点が「2か所」または「0か所」
のときに一筆書きができる。

各交差点において何本の線が交わっているかを見ていくと、
線の本数が奇数の交差点は以下の通りです。

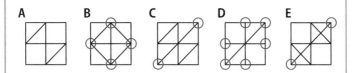

ここから、一筆書きができるのは2か所のC・Eと0か所
のAであり、始点と終点が一致するものは奇数の線が交わ
る交差点が0か所のときですので、正答は選択肢1です。

【問2】次の図形A〜Eのうち、一筆書きができるものを選
んだ組み合わせはどれか。

1. A・B
2. A・D
3. B・E
4. C・D
5. C・E

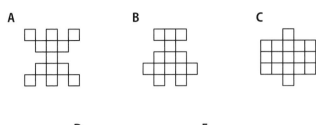

A   B   C

D   E

解答・解説

各交差点において何本の線が交わっているかを見ていくと、線の本数が奇数の交差点は以下の通りです。

A   B   C

D   E

ここから、一筆書きができるのは、<u>0か所のAと2か所の B</u>です。したがって、正答は選択肢<u>1</u>になります。

正解 1

船渡し

舟1そうで全員が川を渡るための最少移動回数を求める問題です。人を動かして考えなくても、実は簡単に答えが出せます！

例題 子どもは2人同時に乗れるが、大人は1人しか乗れない小舟を1そうだけ使って、同じ岸にいる大人3人と子ども4人が川を渡るとき、全員が反対側の川岸へ渡り終えるのに必要な移動の最少回数として、もっとも妥当なものはどれか。

ただし、移動手段は小舟のみで、小舟に大人と子どもが同時に乗ることはできず、小舟による一方の川岸から反対側の川岸までの一度の移動を1回とする。また、移動の際には、大人3人と子ども4人のうち、最低1人が小舟に乗らなければいけないものとする。

1. 15　　2. 16　　3. 17　　4. 18　　5. 19

このパターンの問題では、小舟に乗れる人数には限りがあります。その人数は問題によって異なり、例えば次のようになります。

・大人2人は一緒に小舟に乗ることはできない。
・大人1人、子ども1人も一緒に小舟に乗ることができない。

・しかし、子ども2人は一緒に小舟に乗ることができる。

まずは、本来の解き方を紹介しましょう。全員が川を渡り終える
には、以下のようなプロセスを経ることになります（カッコ内は
「対岸の大人の人数・子どもの人数」を表す）。

①	子ども2人渡る（0・2）	②	子ども1人戻る（0・1）
③	大人1人渡る（1・1）	④	子ども1人戻る（1・0）
⑤	子ども2人渡る（1・2）	⑥	子ども1人戻る（1・1）
⑦	大人1人渡る（2・1）	⑧	子ども1人戻る（2・0）
⑨	子ども2人渡る（2・2）	⑩	子ども1人戻る（2・1）
⑪	大人1人渡る（3・1）	⑫	子ども1人戻る（3・0）
⑬	子ども2人渡る（3・2）	⑭	子ども1人戻る（3・1）
⑮	子ども2人渡る（3・3）	⑯	子ども1人戻る（3・2）
⑰	子ども2人渡る（3・4）		

このように、子どもが2人で行って1人が戻ったり、大人が行っ
て子どもが戻ったりを繰り返すと、計17回で全員が川を渡るこ
とができます。

> まず子ども2人で行って、片方の1人が
> 帰ってきて……と考えるのは、時間も
> 手間もかかります。そこで超速！

大人の人数 × 4 ＋ 子どもの人数 × 2 － 3

この公式さえ覚えれば、大人や子どもの人数が変わっても、数字をあてはめるだけで正解を求めることができます。

解法

大人と子どもの人数を確認すると、この問題では大人3人、子ども4人。これを公式にあてはめて計算します。

$$3 \times 4 + 4 \times 2 - 3 = 12 + 8 - 3$$
$$= \underline{17}（回）$$

正解 <u>3</u>

類題演習・もう1問！

大人6人、子ども3人が、スタート地点がある一方の川岸から、ゴール地点がある対岸まで、1そうの足こぎボートを使って以下のルールに従い移動する。スタート地点からゴール地点までの移動、ゴール地点からスタート地点までの移動をそれぞれ1回と数えるとき、全員が対岸のゴール地点まで移動し終えるまでのボートの最少の移動回数として、もっとも妥当なものはどれか。

＜ルール＞
・ボートに大人は1人だけしか乗ることができない。
・ボートに子どもは最大2人までしか乗ることができない。
・ボートに大人と子どもが同時に乗ることはできない。

・ボートが無人で移動することはない。

1．23 回
2．25 回
3．27 回
4．29 回
5．31 回

| 解答・解説 |

大人の人数と子どもの人数を確認します。

⇒大人 6 人、子ども 3 人

これを超速テクニックの公式にあてはめて計算します。

大人の人数×4＋子どもの人数×2－3

6 × 4＋3 × 2－3 ＝ 24＋6－3

　　　　　　　　　　＝ 27（回）

よって、正解は選択肢 3 になります。

正解　3

紹介した超速テクニックは「子ども 2 人または大人
1 人」が乗れるケース限定で使用できるものです。
とはいえ、大抵はこの条件で出題されますので、
出題されたら即、解答が可能です。

必勝法

「最後の1つを取った者が負け or 勝ち」というゲームをする際に、先攻が必ず勝つ方法を求める問題です。

例題 太郎さんと花子さんが50個のドングリを使って、次のようなルールでゲームを行う。

　・最小で1個、最大で5個とし、交互に取っていく。

　・最後の50個目を取ることになった者が負けとする。

太郎さんが先攻のとき、太郎さんが花子さんに必ず勝つために、最初に取らなければならないドングリの個数として、もっとも妥当なものはどれか。

1. 1個　　2. 2個　　3. 3個　　4. 4個　　5. 5個

> まず太郎さんが3個取って、次に花子さんが1個取り、その次に太郎さんが……と考えていくと時間がかかります。そこで超速！

超速テクニック！　必勝法の求め方

〇個目を取れば**負け**

（個数 − 1）÷（最小＋最大）のあまり

このあまりの数を先攻が最初に取れば先攻は必ず勝てる。

〇個目を取れば**勝ち**

個数÷（最小＋最大）のあまり

このあまりの数を先攻が最初に取れば先攻は必ず勝てる。

※なお、あまりが出ない場合は後攻が必ず勝ちます

解法

この問題では、50個目のドングリを取ると負けてしまいます。

そのため、（50 － 1）÷（1 ＋ 5）＝ 49 ÷ 6 ＝ 8 <u>あまり 1</u>

よって、先攻の太郎さんが<u>最初に 1 個取れば</u>勝ちとなります。

正解 <u>1</u>

類題演習・もう 1 問！

A、B の 2 人で交互にコインを取り、最後のコインを取った者が負けとなるゲームをしている。コインは全部で 39 枚であり、1 人が一度に 1 枚以上 4 枚以下のコインを取り、A も B も勝つために最善を尽くすものとする。B が先攻のときに、確実に言えるのはどれか。

1．B は最初に 1 枚取れば、必ず勝てる。

2．B は最初に 2 枚取れば、必ず勝てる。

3．B は最初に 3 枚取れば、必ず勝てる。

4．B の取る枚数にかかわらず、先攻の B は必ず勝てる。

5．B の取る枚数にかかわらず、後攻の A は必ず勝てる。

解答・解説

この問題は 39 枚目のコインを取ると負けてしまい、1 人が一度に取れるコインは、最小 1 枚、最大 4 枚です。

<u>（個数－ 1）÷（最小＋最大）のあまり</u>の公式を使って、

（39 － 1）÷（1 ＋ 4）＝ 38 ÷ 5 ＝ 7 <u>あまり 3</u>

先攻の B が<u>最初に 3 枚取れば</u>勝ち。

よって、選択肢 <u>3</u> が正解となります。

正解 <u>3</u>

油分け算

容器を使って指定の量を作るのに必要な移し替え回数を求める問題です。複雑に見えますが、一瞬で解く方法があります！

例題 水で満たされている容量10Lの容器と、容量7Lおよび容量3Lの空の容器がそれぞれ1つずつある。3つの容器のあいだで水を順次移し替え、容量10Lの容器と容量7Lの容器へ、水をちょうど5Lずつに分けた。

各容器は容量分の水しかはかれず、1つの容器から別の1つの容器へ水を移し替えることを1回と数えるとき、水をちょうど5Lずつに分けるのに必要な移し替えの最少の回数として、正しいのはどれか。

1. 8回
2. 9回
3. 10回
4. 11回
5. 12回

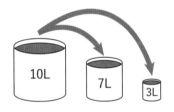

まずは、本来の解き方から紹介しましょう。

①大→中→小……と順番に移します。

②以前と結果が同じになる場合は、その作業を飛ばします。

この①と②を順に行った結果が、右ページの表です。確認していきましょう。

	大 (10L)	中 (7L)	小 (3L)		大 (10L)	中 (7L)	小 (3L)
最初	10	0	0	⑤	9	1	0
①	3	7	0	⑥	9	0	1
②	3	4	3	⑦	2	7	1
③	6	4	0	⑧	2	5	3
④	6	1	3	⑨	5	5	0

1回目は大→中に移すため、大に入っていた10Lのうち7Lを中に移します。そうすると大には3L残ります。次は中→小、小→大、大→中……と、これを繰り返していきます。

4回目は大→中ですが、大→中に移すと①と同じ結果（大3・中7・小0）になってしまいます。そのためこれを飛ばし、4回目では中→小の作業を行います。

そのあとは同様に繰り返していきます。その結果、9回で5Lずつを作ることができるので、選択肢2が正解となります。

> この方法は複雑で、理解するのは簡単ではありません。そこで超速！

超速テクニック！ 油分け算の回数の求め方

(1) 容器の中・小の量に注目！
(2) 最終的に作る量に注目！
(3) (2)に「ずつ」という言葉があるかないかに注目！
これに加えて次ページの表を暗記すれば、一瞬で答えを出すことができます！

中	小	作る量	「ずつ」	回数
5	3	4	×	<u>6回</u>
5	3	4	○	<u>7回</u>
7	3	5	×	<u>8回</u>
7	3	5	○	<u>9回</u>
8	3	4	×	<u>10回</u>
7	5	6	×	<u>10回</u>
7	5	6	○	<u>11回</u>
9	7	8	×	<u>14回</u>
9	7	8	○	<u>15回</u>
11	7	9	×	<u>16回</u>
11	7	9	○	<u>17回</u>

表の覚え方：「ずつ」が○のとき、<u>中＋小－1</u>の回数
　　　　　　「ずつ」が×のとき、<u>中＋小－2</u>の回数

解法

この問題では、中 7L、小 3L で最終的に作る量は 5L、「ずつ」
がある（○）ため、7 + 3 - 1 = <u>9</u>（回）ということになります。

正解 <u>2</u>

類題演習・もう1問！

7L と 9L の空の容器と水の入った大きな水槽がある。これ
らの容器を使って水をくんだり移し替えたりする操作を繰
り返し、9L の容器に 8L の水を入れるためには、最低何回
の操作が必要か。ただし、1 回の操作とは、次のア～ウのう
ちいずれか 1 つだけであるものとする。

ア　どちらか一方の容器で、大きな水槽から水をくむ。
イ　どちらか一方の容器から他方の容器に水を移し替える。
ウ　どちらか一方の容器から大きな水槽に水を移し替える。

1.　14回　2.　15回　3.　16回　4.　17回　5.　18回

| 解答・解説 |

この問題では、水槽が大にあたるため、中が9L、小7Lと
なります。最終的に作る量は8L、「ずつ」はなし（×）です。
ここから、超速テクニックの表より、9 + 7 − 2 = 14（回）
であることがわかります。
よって、選択肢1が正解になります。

正解　1

超速テクニックの表に数字がない場合でも、応用が
可能です。例えば「ビンに入った500mLのしょう
ゆを350mLと150mLの空の容器を使って250mLず
つに分ける」場合、それぞれの数字を2倍すると、
ビンに入っているしょうゆは1,000、空の容器は
700と300、そして作りたい数字は500になりま
す。これらの数字の下2桁を消すと、10L、7L、3L
の3つの容器で5Lずつ作る問題と考えることがで
きますね。
すると超速テクニックの表を利用することができ、
7+3−1＝9なので、答えは「9回」ということにな
ります。

天秤

天秤のみを使って、1つだけ重さが違うものを見つける問題です。
なんと！　問題文にある数だけで簡単に答えが出せます！

例題　見た目はまったく同じコインが50枚ある。この中に1
枚だけほかより軽いコインが交ざっていて、残りの49枚は同
じ重さである。1台の天秤ばかりを使って、軽いコインを確実
に見つけるための最少の回数として、もっとも妥当なものはど
れか。ただし、偶然に見つけた場合の回数は最少とはしないも
のとする。

1. 3回　　2. 4回　　3. 5回　　4. 6回　　5. 7回

> まず25枚ずつ載せて、軽くなったほうに軽
> いコインが交ざっていて……と考えていく
> のは大変です。ここで超速！

超速テクニック！　**天秤の使用回数の求め方**

天秤の問題では<u>全体の枚数</u>が鍵になります。

1枚だけほかより軽い（重い）ものを見つける場合の天秤ば
かりの使用回数は、全体の枚数によって

<u>4〜9枚</u>　　⇒ **2回**　※ $3^2 = 9$ より
<u>10〜27枚</u>　⇒ **3回**　※ $3^3 = 27$ より
<u>28〜81枚</u>　⇒ **4回**　※ $3^4 = 81$ より
<u>82〜243枚</u>　⇒ **5回**　※ $3^5 = 243$ より

となります。

解法

この問題では、コインの枚数が 50 枚なので <u>4</u> 回。

よって、選択肢 <u>2</u> が正解になります。

 正解 2

類題演習・もう 1 問！

100 枚の金貨があり、この中に 1 枚だけ本物より軽いニセ金貨が交じっている。ニセ金貨以外の 99 枚はすべて同じ重さであるとき、確実にニセ金貨を見つけるために天秤ばかりを使う最少の回数はどれか。ただし、偶然に見つけた場合の回数は最少としない。

1. 3 回　　2. 4 回　　3. 5 回　　4. 6 回　　5. 7 回

解答・解説

この問題の金貨の枚数は 100 枚です。

超速テクニックより、100 枚は 82 ～ 243 枚の間なので、天秤ばかりの使用回数は <u>5</u> 回ということになります。

よって、正解は選択肢 <u>3</u> です。

 正解 3

<u>1 枚だけ軽い</u>（または重い）ことがわかっているときに威力を発揮する法則です。「<u>1 枚だけほかより軽い（重い）</u>」の記述を見たら、このテクニックを思い出しましょう！

嘘つき①

各人の発言から、正直者と嘘つきを見分ける問題です。表を用いて手順通り〇を書いていくだけで、簡単に答えが出せます！

例題 A、B、C、D、Eの5人のグループがあり、この5人のうち誰がリーダーなのかを各人に尋ねたところ、以下のように返答した。本当のことを言っている者は1人だけで、残りの4人は嘘をついていることがわかっているとき、本当のことを言っているのは誰か。

A「CとEはリーダーではない」
B「AとDはリーダーではない」
C「DかEのどちらかがリーダーだ」
D「BかCのどちらかがリーダーだ」
E「AとBはリーダーではない」

1. A　　2. B　　3. C　　4. D　　5. E

> Aが嘘つきの場合、CかEがリーダーで……と1つひとつ検討していくことになりますが、それは手間がかかりますね。そこで超速！

超速テクニック！ **嘘つきの判別法①（対応表）**

(1) 発言を表に整理する
(2) 〇（×）の数の合計を出す
(3) 表をタテに見て選択肢を検討する

解法

①タテの列をリーダー、ヨコの列を発言とし、内容を整理します。

A は、「C と E はリーダーではない」と発言しています。この発言から、「**リーダーは、A か B か D の誰かである**」ということが読み取れます。

そのため、**発言の A の列、A・B・D の部分に○を入れます**。

		リーダー				
		A	B	C	D	E
発言	A	○	○		○	
	B					
	C					
	D					
	E					
	本当					

発言から読み取れる内容をヨコの列に書いていきます。

② B、C、D、E も同様に表を埋めていき、○の数を数えます。

		リーダー				
		A	B	C	D	E
発言	A	○	○		○	
	B		○	○		○
	C				○	○
	D		○	○		
	E			○	○	○
	本当	<u>1</u>	<u>3</u>	<u>3</u>	<u>3</u>	<u>3</u>

○は**タテ**に数えます。

③表をタテに見て選択肢を検討していきます。

仮にリーダーがBだとすると、本当のことを言っている者はA、B、Dの3人となりますが、この問題では、本当のことを言っている者は1人なので、正しくありません。表より、本当のことを言っているのが1人なのはAがリーダーのときのみとわかり、リーダーは<u>A</u>、選択肢<u>1</u>が正解となります。

正解 <u>1</u>

類題演習・もう1問！

A～Eの5人がある検定試験を受け、このうちの1人が合格した。5人に試験の結果を聞いたところ、次のような返答があった。このとき、本当のことを言っているのが1人だけだとすると、確実に言えることはどれか。

A「合格はDでも私でもない」
B「合格はCかEのどちらかである」
C「合格はAでもBでもない」
D「合格はAか私のどちらかである」
E「合格はBでも私でもない」

1. Aは、本当のことを言っている。
2. Bは、本当のことを言っている。
3. Cは、本当のことを言っている。
4. Dは、本当のことを言っている。
5. Eは、本当のことを言っている。

解答・解説

①タテの列を「発言」、ヨコの列を「合格」とし、整理します。

　Aの発言から「合格はBかCかEの誰かである」ことが
　読み取れるため、発言のAの列のB・C・Eに〇を入れます。

②B、C、D、Eの発言も同様にし、〇の数を数えます。

		合格				
		A	B	C	D	E
発言	A		〇	〇		〇
	B			〇		〇
	C			〇	〇	〇
	D	〇			〇	
	E	〇		〇	〇	
	本当	2	1	4	3	3

〇はタテに数
えますよ。

③表をタテに見て選択肢を検討していきます。

　本当のことを言っている者は1人なので合格者はBで、
　選択肢1が正解となります。

正解 1

嘘つき②

嘘つき②では、グループに分けて考えます。手順通りグループ分けをすることにより、簡単に答えが出せます！

例題 A〜Eの5人が次のように述べているとき、確実に言えるものはどれか。ただし、5人は正直者または嘘つきのいずれかであり、嘘つきは発言中の下線部分が<u>虚偽</u>であるものとする。

A「Bは<u>嘘つきである</u>」　D「Eは<u>嘘つきである</u>」
B「Cは<u>嘘つきである</u>」　E「AとBは<u>2人とも嘘つきである</u>」
C「Dは<u>嘘つきである</u>」

1. Aは正直者である。　4. 嘘つきは2人である。
2. Dは正直者である。　5. 嘘つきは4人である。
3. Eは正直者である。

> Aが正直者のとき、Bは嘘つきで……
> と1つひとつ検討していくのは時間
> がかかります。そこで超速！

超速テクニック！ **嘘つきの判別法②（グループ分け）**

2つのグループに分ける。
(1) Aの発言：「Bは嘘つき」　⇒　AとBは<u>別</u>グループ
(2) Aの発言：「Bは正直者」　⇒　AとBは<u>同じ</u>グループ

解法

超速テクニックにあてはまる A ～ D の発言を整理すると、

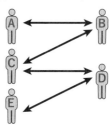

　A の発言より、A と B は別グループ

　B の発言より、B と C は別グループ

　C の発言より、C と D は別グループ

　D の発言より、D と E は別グループ

ということがわかります。

A ～ D の発言より、A・C・E のグループと B・D のグループに分けられ、どちらかが嘘つきのグループ、どちらかが正直者のグループということになります。

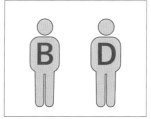

最後に E の発言を検討しましょう。

E は「A と B は 2 人とも嘘つきである」と言っていますが、グループ分けの結果から考えるとあり得ないため、E は<u>嘘つき</u>ということになります。

そのため、A・C・E が<u>嘘つき</u>のグループ、B・D が<u>正直者</u>のグループということになります。

よって、選択肢 2 が正解となります。

正解 2

類題演習・もう1問！

A〜Dが次のように言っている。この4人のうち、<u>少なくとも2人が正しいことを言っている</u>とき、正しいことを言っている者のみをすべて挙げているのはどれか。

A「Bの言っていることは常に正しい」
B「Cの言っていることは常に正しくない」
C「Dの言っていることは常に正しくない」
D「Aの言っていることは常に正しい」

1. A・B・C　　3. A・D　　5. C・D
2. A・B・D　　4. B・C

解答・解説

まずは、A〜Dの発言を整理しましょう。
Aは「Bの言っていることは常に正しい」と言っています。

これはつまり「B は正直者だ」と言い換えることができます。
B の発言も同様に、「C の言っていることは常に正しくない」
を「C は嘘つきだ」と言い換えることができます。

このことを踏まえて発言を整理すると、

　A の発言より、A と B は同じグループ

　B の発言より、B と C は別グループ

　C の発言より、C と D は別グループ

　D の発言より、D と A は同じグループ

ということがわかります。

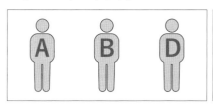

発言をまとめると、A・B・D のグループと C のグループに
分けられます。

今回の問題では、少なくとも 2 人が正しいことを言ってい
るため、A・B・D が正直者のグループ、C が嘘つきのグルー
プということになります。

よって、選択肢 2 が正解になります。

正解 2

集 合 の 最 少 人 数

団体の中で、○○な人は「少なくとも」何人いるのかを求める
問題です。一見大変そうですが、公式で簡単に答えられます！

例 題 ある会社の社員 40 人について、嫌いな野菜を調べたと
ころ、次のことがわかった。

A　セロリが嫌いな社員は 32 人であった。

B　ゴーヤが嫌いな社員は 29 人であった。

C　ケールが嫌いな社員は 26 人であった。

以上から判断して、セロリ、ゴーヤおよびケールすべてが嫌いな
社員は少なくとも何人いるか。

1. 6人　　2. 7人　　3. 8人　　4. 9人　　5. 10人

まずは、本来の解き方を紹介しましょう。

社員 40 人のうち、セロリが嫌いな社員が 32 人います。ここから、
40 人中残り 8 人はセロリが嫌いではないことがわかります。こ
の 8 人全員が、ゴーヤが嫌いだったと仮定して考えます。

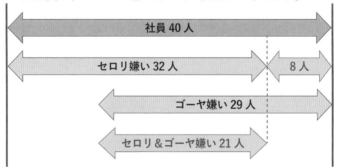

すると、どれだけ少なく見ても、セロリとゴーヤの両方が嫌いな社員は 29 − 8 = 21 人いることになります。ここから、セロリとゴーヤの両方が嫌いではない社員が 19 人いることがわかります。

次に、この 19 人全員が、ケールが嫌いだったと仮定して考えます。

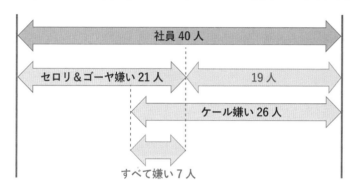

上の図から、どれだけ少なく見ても、3 つの野菜すべてが嫌いな社員は 26 − 19 = 7 人ということになります。したがって、選択肢 2 が正解となります。

この方法は手順が多く、面倒です。
そこで超速！

超速テクニック！ 集合の最少人数の求め方

それぞれの人数の合計 − 全体の人数 ×（質問の個数 − 1）

超速テクニックの意味を解説すると、「**それぞれの人数の合計 =
セロリ、ゴーヤ、ケールが嫌いな社員の合計**」になります。また、
全体の人数は社員の人数 = **40** 人、**質問の個数**は A 〜 C の **3** つ
であるため、「質問の個数 − 1 = 3 − 1 = 2」となります。

よって、以下の公式にあてはめると、

それぞれの（嫌いな）人数の合計 − 全体の人数 × 2

$$32 + 29 + 26 - 40 \times 2 = 87 - 80$$
$$= \underline{7} \, (\text{人})$$

正解　2

類題演習・もう 1 問！

【**問 1**】40 人のクラスで好きな科目のアンケートを実施し
たところ、英語が好きな者が 36 人、数学が好きな者が 34
人、国語が好きな者が 30 人いることがわかった。このとき、
英語と数学と国語の 3 科目とも好きな者の最少人数として、
もっとも妥当なのはどれか。ただし、すべての科目が好き
ではない者はいなかったものとする。

1. 12 人　　2. 15 人　　3. 20 人　　4. 24 人　　5. 28 人

解答・解説

この問題では、「**それぞれの人数の合計** = 英語、数学、国語
が好きな人数の合計」なので、

英語が好きな者が 36 人 ⎫
数学が好きな者が 34 人 ⎬ → 36 + 34 + 30 = 100 人
国語が好きな者が 30 人 ⎭

全体の人数 = 40 人

質問の個数－1 ＝ 3（英語、数学、国語）－ 1 ＝ 2
したがって、100 － 40 × 2 ＝ 100 － 80 ＝ 20（人）

正解 3

【問2】一人暮らしの大学生50人を対象に家具・家電製品
の所持状況を調査したところ、以下のことがわかった。ベッ
ド、コタツ、アイロン、パソコンすべてを所持している学
生の最少人数として、もっとも妥当なものはどれか。

・ベッドを所持している者：37 人
・コタツを所持している者：32 人
・アイロンを所持している者：41 人
・パソコンを所持している者：45 人

1. 5人　　2. 6人　　3. 7人　　4. 8人　　5. 9人

解答・解説

それぞれの（所持）人数の合計＝ベッド、コタツ、アイロン、
　パソコンを所持している学生の人数の合計
　＝ 37 ＋ 32 ＋ 41 ＋ 45 ＝ 155 人
全体の人数＝ 50 人
質問の個数－ 1
　＝ 4（ベッド、コタツ、アイロン、パソコン）－ 1 ＝ 3
したがって、155 － 50 × 3 ＝ 155 － 150 ＝ 5（人）

正解 1

ハノイの塔

1つの棒に通された円盤を、ルールに従ってほかの棒に移すために必要な最少回数を求める問題です。

例題 A～Cの3本の棒が板の上に立てられており、Aの棒には、中央に穴の開いた大きさの異なる3枚の円盤が、下から大きい順に積み重ねられている。次のア、イのルールに従って、この3枚の円盤をすべてCの棒に移すには、最低何回の移動が必要か。

ア　円盤は1回に1枚だけほかの2本の棒のいずれかに移し替えることとする。

イ　小さい円盤の上に大きい円盤を重ねることはできない。

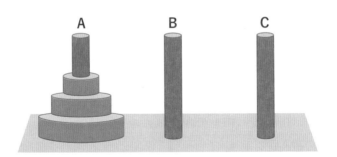

1. 5回
2. 6回
3. 7回
4. 8回
5. 11回

まずは、本来の解き方から紹介しましょう。

①AからCに小を移動させます。

②AからBに中を移動させます。

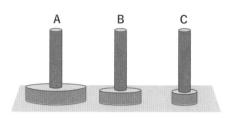

2回目の操作後！

③イの条件より、CからBに小を移動させます。

④AからCに大を移動させます。

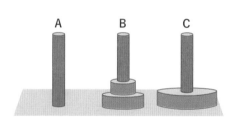

4回目の操作後！

⑤BからAに小を移動させます。

⑥BからCに中を移動させます。

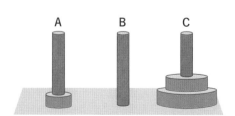

6回目の操作後！

⑦ A から C に小を移動させます。

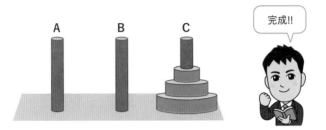

完成!!

したがって、7回移動させると3枚の円盤をすべてCの棒に移す
ことができます。

まずCに移動させて、次にBに移動させて……と
考えていると、ややこしくなります。そこで超速！

超速テクニック！ ハノイの塔の求め方

n枚の円盤を運ぶ場合の円盤を移動させる回数
2のn乗 − 1

解 法

今回の問題では、3枚の円盤を移動させるので、

$2^3 − 1 = 8 − 1$

$= \underline{7}$（回）

です。超速テクニックを使えば瞬時に答えを出せます。

正解 <u>3</u>

類題演習・もう1問！

次の図のような、A～Cの3本の容器がある。Aの容器には、Ⅰ～Ⅳの数字が書かれた4個のボールが下から数字の大きい順に入っており、BとCの容器は空である。Aの容器の4個のボールをCの容器に図のように移すには、最低何回の移動が必要か。ただし、ボールは1個の移動につき1個ずつほかの容器に動かし、小さい数字の上に大きい数字のボールを載せないものとする。

1. 7回
2. 9回
3. 11回
4. 13回
5. 15回

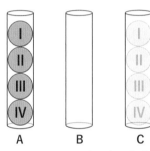

A   B   C

解答・解説

この問題も数字の大きさが異なるボールを1個ずつ移動させるため、ハノイの塔の問題と考えることができます。

そこで、下記の公式を使います。

n枚の円盤を運ぶ場合　$\underline{2^n - 1}$

本問では4つのボールを移動させるため、

$$2^4 - 1 = 2 \times 2 \times 2 \times 2 - 1 = 16 - 1$$
$$= \underline{15} \,（回）$$

よって、選択肢 $\underline{5}$ が正解になります。

正解　5

正八面体の展開図

組み立てたときにでき上がる立体を求める問題です。想像して考えるのは難しいですが、実は簡単に答えられます！

まず、正八面体とはどのような立体なのか、見てみましょう。

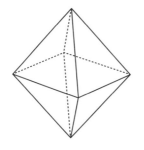

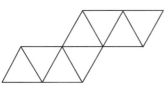

正三角形を8個つなげて組み合わせた立体です。展開図も正三角形が8個つながった図になります。
これを踏まえて、例題を見てみましょう。

例題 下の展開図を組み立てて正八面体を作ったとき、面Aと平行になる面として、もっとも妥当なものはどれか。

1. ア
2. イ
3. ウ
4. エ
5. オ

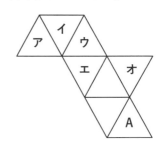

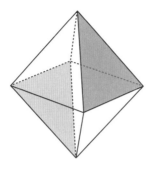

左下と右上の面が向かい合いますが、
展開図でどの面が対応しているかを
探すのはややこしい……。そこで超速！

超速テクニック！ **正八面体の展開図で平行になる面の求め方**

組み立てたときに、<u>直線で３つ隣り（２個飛ばし）の面が
平行</u>となる

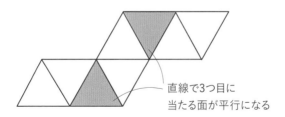

直線で3つ目に
当たる面が平行になる

この問題では面Aと平行の面を求めるため、面Aから直線で2個飛ばしの面エが向かい合う面ということになります。

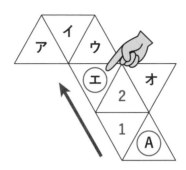

「直線」で2個飛ばしであるため、面オは該当しません。
よって、選択肢4が正解となります。

正解 4

類題演習・もう1問！

下の図は数字が各面に書かれた正八面体の展開図である。これを組み立てた正八面体について、平行に向かい合う面の数字を合計すると10になる面の組み合わせはいくつあるか。

1. 0組
2. 1組
3. 2組
4. 3組
5. 4組

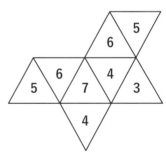

解答・解説

まずは、平行に向かい合う面はどことどこなのかを確認していきましょう。

正八面体の展開図を組み立てたとき、平行になる面は、ある面の<u>3つ隣り（2個飛ばし）</u>となります。

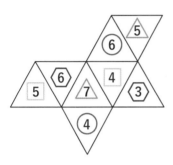

マークが同じ面が平行になります。

平行になる面を確認すると、合計して10になるのは○の<u>1</u>組だけということがわかります。

よって、選択肢<u>2</u>が正解となります。

　2

2個飛ばしは直線で見ることに注意してください。
上の図で⑤の2個飛ばしは③にはなりません。

円 の 分 割

線で円を分割したときにできる平面の最大数を求める問題です。
この方法で、線を引くことなく、簡単に答えが出せます！

例題 右の図は円内の平面に 3
本の直線を引き、円内の平面を
分割したことを表している。こ
の円内に 5 本の直線を書き加
えることによって分割される平
面の最大の数として、もっとも
妥当なものはどれか。

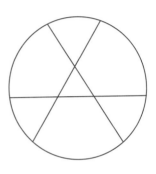

1. 34　　2. 35　　3. 36　　4. 37　　5. 38

赤線を3本足すと円は18個の
平面に分割されます。しか
し、1本でも線を引き間違えて
しまうと、分割される数が変
わるため、線を引いて解くの
は不可能です。そこで超速！

超速テクニック！ 円を分割した面の最大数の求め方

〇本の線で円を分割
⇒ <u>1 〜〇本の合計 + 1</u>

解法

現時点で 3 本の線があり、円は 7 つに分かれています。ここからさらに 5 本の線を引いて、最大で何個に分けることができるのかを求めます。今回は合計 **8 本**の線を引くので、

1 + 2 + 3 + 4 + 5 + 6 + 7 + 8 + <u>1</u> = <u>37</u>

よって、正解の選択肢は <u>4</u> になります。

> **正解** 4

類題演習・もう 1 問！

下の図のように 3 本の直線によって分割された円がある。
いま、7 本の直線を加えてこの円を分割したとき、分割されてできた平面の最大数はどれか。

1. 56
2. 57
3. 58
4. 59
5. 60

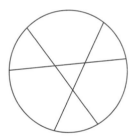

解答・解説

この問題ではすでに 3 本の線が引いてあり、ここに 7 本加えるため、3 + 7=10 で合計 **10 本**の線を引きます。
先ほどの公式に当てはめると、

1 + 2 + 3 + 4 + 5 + 6 + 7 + 8 + 9 + 10 + <u>1</u> = <u>56</u>

よって、正解の選択肢は <u>1</u> になります。

> **正解** 1

判断推理編

ここまでの超速テクニックをまとめました。大事なところをサッと確認できるので、試験直前にも活用しましょう！

▍一筆書き

1. 交差点を見る
2. 奇数の本数の線がぶつかる交差点の数をチェック
3. 2 の交差点の数が「2 か所」か「0 か所」のとき一筆書きができる

▍船渡し

大人が乗る場合は 1 人のみ、子どもは 2 人までしか乗れない船で、対岸まで全員を運ぶときの移動回数

大人の人数 × 4 ＋ 子どもの人数 × 2 － 3

▍必勝法

〈X 個目を取れば負けの場合〉

(X － 1) ÷ (最小＋最大) のあまり

〈X 個目を取れば勝ちの場合〉

X ÷ (最小＋最大) のあまり

これらのあまりの数を先攻が最初に取れば必ず勝てる。

公式を覚えておけば、手間のかかる計算はいりません！

▍油分け算

1. 中・小の容器の量に注目
2. 最終的に作る量に注目
3. 2 に「ずつ」という言葉があるかないかに注目

そのうえで、28 ページの表を暗記すれば、一瞬で答えが出る。

表の覚え方：「ずつ」が○のとき、中＋小 － 1 の回数

「ずつ」が×のとき、中＋小 － 2 の回数

天秤

天秤を使って複数枚の中から1枚だけ軽い（重い）コインを見つける場合、**全体の枚数**に注目。コイン全体の枚数が

4～9枚 ⇒ 2回　　10～27枚 ⇒ 3回
28～81枚 ⇒ 4回　　82～243枚 ⇒ 5回

嘘つき①

1. 発言を**表**に整理する
2. ○（×）の数の合計を出す
3. 表を**タテ**に見て選択肢を検討する

嘘つき②

1. Aの発言：「Bは嘘つき」⇒ AとBは**別**グループ
2. Aの発言：「Bは正直者」⇒ AとBは**同じ**グループ

集合の最少人数

「少なくとも何人いるか」を求めるとき
それぞれの人数の合計－全体の人数×（質問の個数－1）

ハノイの塔

n枚の円盤を運ぶ場合に、円盤を移動させる回数　$2^n - 1$

正八面体の展開図

正八面体の展開図は、組み立てたとき、
直線で3つ隣り（2個飛ばし）の面が平行になる。

円の分割

○本の線を引いたとき、分割されてできる平面の数
1～○本の合計＋1

時計算

時計の長針と短針が重なる時刻や、長針と短針の角度を求める問題です。選択肢を使えば答えを出すのは簡単です！

例題 アナログ時計が 6 時ちょうどを示したあと、長針と短針が最初に重なるのは何分後か。

1. $32\dfrac{4}{11}$ 分後　　　4. $32\dfrac{10}{11}$ 分後

2. $32\dfrac{6}{11}$ 分後　　　5. $33\dfrac{1}{11}$ 分後

3. $32\dfrac{8}{11}$ 分後

....

まずは、本来の解き方から紹介しましょう。

〇時の長針と短針のあいだ＝<u>〇 × 30°</u>

例えば 3 時なら、長針と短針のあいだは 3 × 30° = 90°となります。

次に、長針と短針は以下のように動きます。

　長針：1 時間（60 分）で 1 周（360°）動く ⇒ <u>1 分で 6°動く</u>

　短針：12 時間（720 分）で 1 周（360°）動く⇒ <u>1 分で 0.5°動く</u>

よって<u>長針と短針のあいだ</u>⇒ <u>1 分で 5.5°</u>縮まります。

この問題は 6 時であるため、長針と短針のあいだは

6 × 30° = 180°開いていることになります。

また、長針と短針のあいだは 1 分間で 5.5°縮まるため、

$$180 \div 5.5 = 180 \div \frac{11}{2} = \frac{360}{11} = 32\frac{8}{11}\,（分後）$$

よって、選択肢 3 が正解になります。

この方法は複雑で時間もかかります。そこで超速！

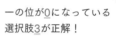

超速テクニック！ **時計算の針が重なる時間の求め方**

(1) 選択肢を見て、帯分数の<u>整数</u>と<u>分子</u>の数を<u>足し算</u>する

(2) 足して一の位が <u>0</u> になるものが正答となる

（例） ㉜$\dfrac{⑧}{11}$　　$32 + 8 = \underline{40}$

解法

選択肢を見て、帯分数の<u>整数</u>と<u>分子</u>の数を<u>足し算</u>します。

1. $32\dfrac{4}{11}$ 分後　$32 + 4\ \ = 36$　×

2. $32\dfrac{6}{11}$ 分後　$32 + 6\ \ = 38$　×

一の位が<u>0</u>になっている
選択肢3が正解！

3. $32\dfrac{8}{11}$ 分後　$32 + 8\ \ = 40$　○

4. $32\dfrac{10}{11}$ 分後　$32 + 10 = 42$　×

5. $33\dfrac{1}{11}$ 分後　$33 + 1\ \ = 34$　×

正解 <u>3</u>

【問1】アナログ時計が 7 時 30 分を指している。この時計が 7 時 30 分から 8 時のあいだに、長針と短針がちょうど重なる時刻として、もっとも妥当なのはどれか。ただし、長針と短針はそれぞれ一定の速さで動いているものとする。

1. 7 時 38 分 $10\frac{9}{11}$ 秒

2. 7 時 38 分 $10\frac{10}{11}$ 秒

3. 7 時 38 分 11 秒

4. 7 時 38 分 $11\frac{1}{11}$ 秒

5. 7 時 38 分 $11\frac{2}{11}$ 秒

解答・解説

超速テクニックより、

①選択肢を見て、帯分数の<u>整数</u>と<u>分子</u>の数を<u>足し算</u>する。

②足して一の位が <u>0</u> になるものが答え。

ですので、この問題では、

1. 10 + 9 = 19 ×

2. 10 + 10 = 20 ○

3. 11   ×

4. 11 + 1 = 12 ×

5. 11 + 2 = 13 ×

よって、選択肢 <u>2</u> が正解となります。

正解 2

【問2】アナログ時計では、3時00分に長針と短針のなす角が90°になる。次に時計の長針と短針のなす角が90°になるのは何分後か。

1. $32\dfrac{2}{11}$分後

2. $32\dfrac{4}{11}$分後

3. $32\dfrac{6}{11}$分後

4. $32\dfrac{8}{11}$分後

5. $32\dfrac{10}{11}$分後

解答・解説

この問題は、長針と短針が重なる問題ではありませんが、超速テクニックを使って一瞬で解くことができます。

1. 32 + 2 = 34　×

2. 32 + 4 = 36　×

3. 32 + 6 = 38　×

4. 32 + 8 = 40　○

5. 32 + 10 = 42　×

よって、選択肢 4 が正解となります。

 正解 4

「長針と短針が重なる時刻」や「針と針の角度が○°開いた時刻」を求める問題が出てきた場合は、このテクニックで簡単に答えが出ます。

道順

ゴールにたどり着くまでの最短経路が何通りかを求める問題です。法則を使えば、足し算だけで簡単に答えが出ます！

例 題 下の図のА地点からВ地点まで行くとき、А地点からВ地点までの道順は何通りあるか。ただし、最短経路で行くものとする。

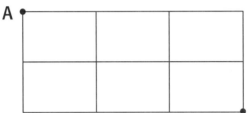

> 右・下・右・下・右、右・右・右・下・下……といったように、何パターンも考えようとすると混乱しますね。そこで超速！

超速テクニック！ 道順の求め方

(1) スタート地点から見てタテとヨコのすべての交差点に「1」と書く
(2) ほかの交差点は、交差点の下（上）と右（左）の数字を足す
(3) 求めたい交差点に出された数が、そこまでの道順の数

解法

①スタート（A）の
　下と右の交差点に 1 と書きます。

②残りの交差点は
　上と右の数字を足すだけ！

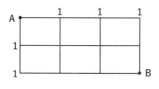 ⇒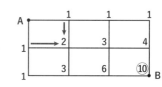

よって、B までは <u>10</u> 通りになります。

正解　10 通り

類題演習・もう 1 問！

【問1】下の図の A 地点から B 地点まで行くとき、道順は何通りあるか。ただし、最短経路で行くものとする。

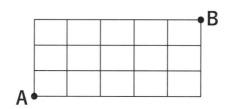

解答・解説

①スタート（A）の**上と右の交差点に 1** と書きます。

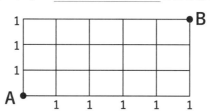

②残りの交差点は**下と左の数字を足す**だけ！

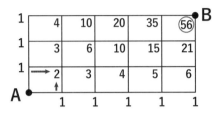

よって、Bまでは<u>56</u>通りになります。

道順の問題では、以下のような特別なルールが加わる場合もあります。

【問2】下の図のような碁盤目状の街路網において、AからBを通ってCまで最短経路で行く道順は何通りあるか。

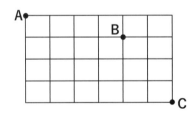

解答・解説

このように、必ず通らなければならない場所がある場合は次のように求めます。

①Bまで何通りか求めます。

②Bまでが<u>5</u>通りなので、Bから**下と右の交差点に5**と書きます。

③残りの交差点は**上と左の数字を足します。**

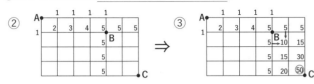

よって、Cまでは <u>50</u> 通りになります。

【問3】 下の図において、線上をたどってA点からB点へ行くときの最短経路は何通りあるか。

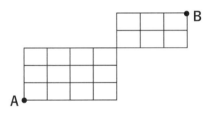

解答・解説

①中間地点をC点とし、C点まで何通りあるかを求めます。
②Cまでが <u>35</u> 通りなので、Cから**上と右の交差点に 35** と書きます。

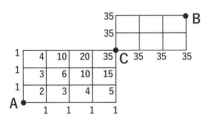

③残りの交差点は<u>下と左の数字を足します</u>。

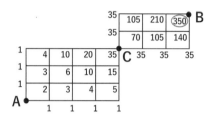

よって、B までは <u>350</u> 通りになります。

正解 350 通り

【問 4】 下の図のような街路において、A 点と B 点を最短距離で結ぶ経路は全部で何通りあるか。

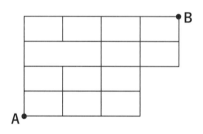

解答・解説

①線を加えます。

今回は道がない部分があるので、<u>道がない部分に線を加え、そこに 0 と書きます</u>。そして、A の<u>上と右の交差点部分に 1</u> と書きます。

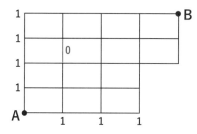

②次に、**左とすぐ下の数字の合計**を交差点に書きます。

⚠ の部分（赤のタテ線）は左の1と下の0を足して 1 + 0 = 1 となります。

このとき、B で <u>53</u> となるため、<u>53</u> 通りとなります。

正解 **53通り**

魔方陣

方陣に配置された数字から空欄の数字を求める問題です。本来は計算が複雑ですが、実は簡単に答えを出すことができます！

例題 下の表には、1 〜 16 の異なる整数が入り、また、タテ、ヨコ、対角線上の 4 つの数の和はすべて同じになる。いま、表のようにいくつかの数の配置がわかっているとき、A と B に入る数の積はいくらか。

13	8	A	
B			15
	11	7	
16		9	

1. 28
2. 36
3. 42
4. 48
5. 60

まずは、本来の解き方から紹介しましょう。

タテ、ヨコ、対角線上の 4 つの数の和はすべて同じになるため、各列の数の合計は「1 〜 16 の合計 ÷ 4」で求めることができます。よって、136 ÷ 4 = 34 より、各列の合計が 34 とわかります。

空欄の部分に C 〜 I の文字を入れると、右の図のようになります。各列の合計が 34 になることから、

13	8	A	C
B	D	E	15
F	11	7	G
16	H	9	I

13 + 8 + A + C = 34

→ A + C = 13…①

16 + 11 + E + C = 34

→ E + C = 7…②

$A + E + 7 + 9 = 34$ → $A + E = 18$…③

①+②+③より、$2(A + C + E) = 38$ $A + C + E = 19$…④

④−①より、$E = 6$ ④−②より、$\boxed{A = 12}$ ④−③より、$C = 1$

となります。

魔方陣に A、C、E の値をあてはめると、下の図のようになります。

各列の和が 34 になることから、同様に計算して

$D + I = 14$…⑤ $D + H = 15$…⑥

$H + I = 9$…⑦

⑤+⑥+⑦より、

$2(D + H + I) = 38$

$D + H + I = 19$…⑧

⑧−⑦より、$D = 10$

$B + 10 + 6 + 15 = 34$ より、

$\boxed{B = 3}$

13	8	12	1
B	D	6	15
F	11	7	G
16	H	9	I

よって、$A \times B = 12 \times 3 = 36$

したがって、選択肢 2 が正解となります。

この方法は計算が多く、複雑です。そこで、超速！

超速テクニック！ 魔方陣の解き方

4 × 4 の魔方陣の場合、右図のように中心（赤丸）から点対称にある 2 マスの合計は、最初と最後の数の合計となります！

※点対称とは、右の図の同じマークの位置関係のことを言います

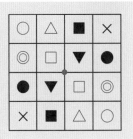

解法　本問は 1 〜 16 なので、点対称の 2 つの数字の合計は <u>17</u>（1 + 16）です。ここから、

$C + 16 = 17 \rightarrow C = 1$

$15 + F = 17 \rightarrow F = 2$

とわかります。

13	8	A	C
B	D	E	15
F	11	7	G
16	H	9	I

各列の合計が 34 であることから、

$13 + 8 + A + 1 = 34$　 $\boxed{A = 12}$

$13 + B + 2 + 16 = 34$　 $\boxed{B = 3}$

よって、A × B = 12 × 3 = <u>36</u>

このように、少ない計算で求めることができます。

正解 <u>2</u>

類題演習・もう 1 問！

【問 1】下の図は、1 〜 16 までのそれぞれ異なる整数を、縦、横、対角線の和がいずれも等しくなるようにマス目に入れた一部を示したものである。A、B にそれぞれ当てはまる整数の和として、正しいものはどれか。

1. 17
2. 18
3. 19
4. 20
5. 21

4		15	
A			8
	7		
	2	3	B

解答・解説

まずは空欄に C、D を記入します。

超速テクニックを使って、

4 + B = 17 より $\boxed{B = 13}$

また、8 + C = 17 より C = 9。

各列の合計が 34 であるため、

D + 2 + 3 + 13 = 34　→ D = 16

4 + A + 9 + 16 = 34　$\boxed{A = 5}$

A + B = 5 + 13 = <u>18</u> となり、選択肢 <u>2</u> が正解となります。

④		15	
A			8
Ⓒ	7		
D	2	3	Ⓑ

正解 <u>2</u>

5 × 5 の魔方陣でも同様のテクニックが使えます。

【問 2】次の図のように、1 〜 25 までのそれぞれ異なる整数をマス目に入れて、タテ、ヨコ、対角線の数の和がいずれも等しくなるように配置したとき、A と B のマス目の数の積はいくつか。

解答・解説

点対称となる場所の合計は

1 + 25 = 26 であるため

A + 1　= 26　$\boxed{A = 25}$

B + 11 = 26　$\boxed{B = 15}$

A × B = 25 × 15 = <u>375</u>

よって、<u>375</u> が正解となります。

11		7	20	3
		Ⓐ		
17	5	中心		9
10	18	①	14	
23	6	19	2	B

正解 375

切断面の面積

立体の切断面の面積を求める問題です。本来は断面図を書いて面積を求めますが、公式で簡単に答えを出すことができます！

例題 次の図のような、1辺の長さが10cmの立方体がある。辺 AB の中点を P、辺 DE の中点を Q として、この立方体を点 C、P、Q を通る平面で切断したとき、その断面の面積はどれか。

1. $25\sqrt{2}$ cm²
2. $25\sqrt{6}$ cm²
3. $50\sqrt{2}$ cm²
4. $50\sqrt{6}$ cm²
5. 125cm²

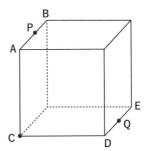

まずは、本来の解き方から紹介しましょう。

図中に<u>切断面</u>（色の線）を書き、<u>対角線</u>（破線）の長さを求めます。

切断面は<u>ひし形</u>になるため、ひし形の面積＝<u>対角線×対角線÷2</u>の公式で面積を求められます。

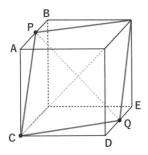

> 断面図を書いて、対角線の長さを求めて……と考えていくのは、時間がかかるうえに大変です。そこで超速！

超速テクニック! *切断面の面積の求め方*

立方体を中点・中点・角で切断するときの切断面の面積

<u>1辺 × 1辺 × $\sqrt{6}$ ÷ 2</u>

解法 この問題の1辺の長さは10cmなので、

$10 \times 10 \times \sqrt{6} \div 2 = 100\sqrt{6} \div 2 = 50\sqrt{6}$

よって、選択肢 <u>4</u> が正解になります。

正解 4

数的推理・資料解釈

類題演習・もう1問!

1辺4cmの立方体がある。この立方体を点A、B、Cを通る平面で切断したとき、その断面の面積はどれか。

1. $4\sqrt{6}$ c㎡
2. $4\sqrt{15}$ c㎡
3. $8\sqrt{5}$ c㎡
4. $8\sqrt{6}$ c㎡
5. 20c㎡

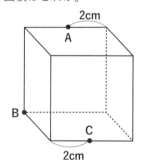

解答・解説

AとCが中点でBが角となっているため、超速テクニックが使えます。1辺の長さが4cmのため、

$4 \times 4 \times \sqrt{6} \div 2 = 16\sqrt{6} \div 2 = \underline{8\sqrt{6}}$

よって、選択肢 <u>4</u> が正解になります。

正解 4

角度の総和

多角形の角度の総和を求める問題です。本来は補助線を引き、図形を分割して求めますが、実は簡単に答えが出せます！

例 題 次の図において、角度 A ～ F の和はどれか。

1. 300°
2. 360°
3. 420°
4. 480°
5. 540°

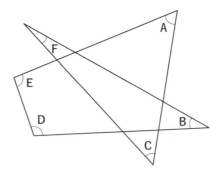

このような問題の場合、本来は三角形の**外角**を利用して解きます。

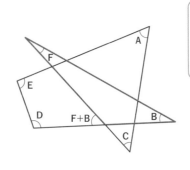

三角形の2つの角の
合計（F＋B）は
残り1つの角の外角と
等しくなります！

同様に、A+C の値も出すことができます。

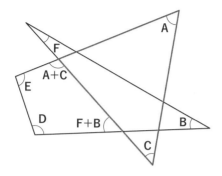

すると、1 つの四角形に A ～ F の角が集まり、四角形の内角の和は 360°なので、角度 A ～ F の和は 360°となります。

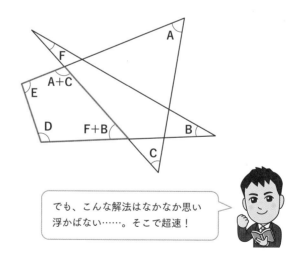

でも、こんな解法はなかなか思い浮かばない……。そこで超速！

多角形の角度の総和は、この公式で簡単に出せます！
（角の数 − 4）× 180°

解法 この問題では、**角が6個**です。ここから超速テクニックで総和を出します。

(6 − 4) × 180° = 2 × 180°

= <u>360°</u>

よって、選択肢 <u>2</u> が正解となります。

正解 2

類題演習・もう1問！

次の図において、角 a 〜 g の角度の和として、正しいのは
どれか。

1. 510°
2. 540°
3. 570°
4. 600°
5. 630°

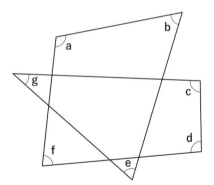

解答・解説

この問題も、いきなり出されるとどう解いていいかわからなくなりますが、超速テクニックで紹介した以下の式を使えば、簡単に解くことができます。

（角の数 − 4）× 180°

本問では、角が 7 個であるため、

(7 − 4) × 180° = 3 × 180°

= 540°

よって、選択肢 2 が正解となります。

正解 2

まれに、このテクニックが使用できない場合もあります。使用の可否の判断基準は、内側に多角形が 1 つできるかどうかです。

内側に五角形が 1 つ
できている

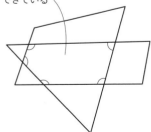

内側には六角形以外に
三角形もあるため、使えない

直角三角形の内接円

直角三角形に内接する円の半径や面積を求めます。図形が苦手な人には厄介な問題ですが、比を覚えれば簡単です！

例題 AB = 3cm、BC = 4cm、B = 90°の直角三角形 ABC に内接する内接円の半径はいくつになるか。

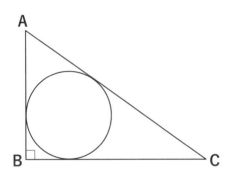

まずは、本来の解き方から紹介しましょう。

①三平方の定理より、三角形の斜辺の長さを出します。

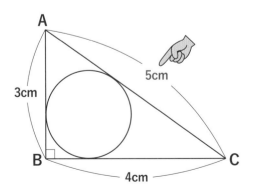

②補助線を引いて、円の半径を r とし、3 つの三角形の面積の合計を出します。

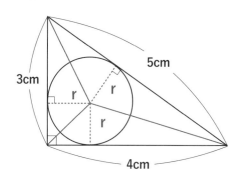

5cm
3cm
r
r
r
4cm

$$3 \times r \times \frac{1}{2} + 4 \times r \times \frac{1}{2} + 5 \times r \times \frac{1}{2} = 6r$$

③直角三角形 ABC の面積から半径 r を求めます。

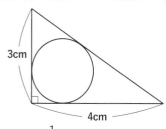

3cm
4cm

3 つの三角形の面積の合計と
直角三角形の面積は等しく
なります。

$$3 \times 4 \times \frac{1}{2} = 6r$$

$$6r = 6$$

$$r = 1$$

よって半径は 1 cm

斜辺を求めて、補助線を引いて……と考えていくの
は、手順が多く手間がかかります。そこで超速！

次の比を覚えましょう！

3：4：5：1

→直角三角形の辺の比が

3：4：5 のとき、

内接円の半径は 1 となる。

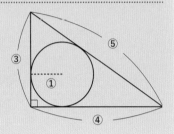

解法 この問題では、AB = 3cm、BC = 4cm なので、内接円の半径は 1 cmとなります。

正解 1cm

類題演習・もう1問！

次の図のように、辺 AB が 20cmの直角三角形 ABC に半径 4 cmの円 O が内接しているとき、直角三角形 ABC の面積はどれか。

1．95cm²
2．96cm²
3．97cm²
4．98cm²
5．99cm²

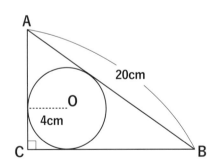

AB が 20cm、半径が 4cm より、斜辺の長さと半径の比が 5：1 なので、3：4：5：1 より、

AC = 3 × 4 = 12cm

BC = 4 × 4 = 16cm

よって AC=12cm、BC=16cmであるため、△ABC の面積は、

12 × 16 ÷ 2 = 96cm² となります。

そのため、選択肢 2 が正解です。

正解　2

なお、5：12：13 の直角三角形の内接円の半径は 2 と
なります。5：12：13：2 と覚えておきましょう！

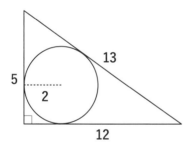

この問題では、半径 4cm、斜辺 20cmなど
比を 4 倍したものが長さになっています。

正三角形の内接円

正三角形の内接円の半径や面積を求める問題です。図形が苦手な人には厄介ですが、すぐに答えが出るテクニックがあります！

例題 1辺が2cmの正三角形の内接円の面積を求めよ。

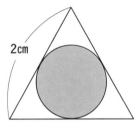

2cm

....

まずは、本来の解き方から紹介しましょう。

①円の中心から補助線を引きます。30°、60°、90°の直角三角形ができます。

円の中心から正三角形の
頂点を結ぶ補助線

円の中心から半径と
なるような補助線

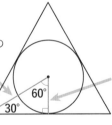

60°
30°

②三平方の定理から半径を求めます。

$$1 : \sqrt{3} = r : 1$$
$$\sqrt{3}\, r = 1$$
$$r = \frac{1}{\sqrt{3}} = \frac{\sqrt{3}}{3}$$

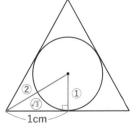

②
①
$\sqrt{3}$
1cm

補助線を引いてできた三角形は30°、60°、90°の
直角三角形⇒三平方の定理が使えます！

③円の面積を求めます。

半径×半径×πより、

$$\frac{\sqrt{3}}{3} \times \frac{\sqrt{3}}{3} \times \pi = \frac{3}{9}\pi = \frac{1}{3}\pi \text{ cm}^2$$

とはいえ、こんな解法はなかなか
思い浮かびません。そこで超速！

超速テクニック！ **正三角形の内接円の面積の求め方**

正三角形に接する円の面積は、以下の式で簡単に求められ
ます！

$$1 辺 \times 1 辺 \times \frac{1}{12}\pi$$

解法 この問題では正三角形の1辺の長さが2cmなので、

$$2 \times 2 \times \frac{1}{12}\pi = \frac{1}{3}\pi \text{ cm}^2$$

正解 $\frac{1}{3}\pi$ cm²

【問１】次のような一辺の長さが４ a の正三角形とその内接する円で構成された灰色部の面積はどれか。

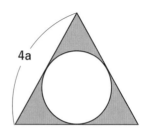

4a

1．$\left(4\sqrt{3} - \dfrac{1}{3}\pi\right)a^2$

2．$\left(4\sqrt{3} - \dfrac{2}{3}\pi\right)a^2$

3．$\left(4\sqrt{3} - \pi\right)a^2$

4．$\left(4\sqrt{3} - \dfrac{4}{3}\pi\right)a^2$

5．$\left(4\sqrt{3} - \dfrac{5}{3}\pi\right)a^2$

解答・解説

灰色の部分は、<u>正三角形の面積−円の面積</u>で求めることができます。この問題では１辺が 4a であるため、

円の面積：<u>１辺 × １辺 × $\dfrac{1}{12}\pi$</u>

$4\,a \times 4\,a \times \dfrac{1}{12}\pi = \dfrac{4}{3}\pi a^2$

灰色の面積は正三角形の面積から円の面積を引いたものであるため、$\dfrac{4}{3}\pi$ を引いている選択肢 4 が正解となります。正三角形の面積を求めなくても、選択肢から正解を見つけることができるのです。

 正解 <u>4</u>

【問2】 次のような一辺の長さが 2a の正三角形とその内接する円で構成された灰色部の面積はどれか。

1. $\left(\sqrt{3} - \dfrac{1}{3}\pi\right) a^2$

2. $\left(\sqrt{3} - \dfrac{2}{3}\pi\right) a^2$

3. $(\sqrt{3} - \pi) a^2$

4. $\left(\sqrt{3} - \dfrac{4}{3}\pi\right) a^2$

5. $\left(\sqrt{3} - \dfrac{5}{3}\pi\right) a^2$

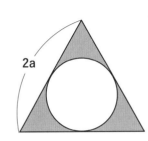

2a

解答・解説

こちらも正三角形から円の面積を引いて灰色の面積を求める問題ですが、円の面積を求めるだけで、選択肢から正解を見つけることができます。

この問題では、1辺が 2a であるため、

円の面積：$\underline{1\,辺 \times 1\,辺 \times \dfrac{1}{12}\pi}$

$2a \times 2a \times \dfrac{1}{12}\pi = \dfrac{1}{3}\pi a^2$

よって、$\dfrac{1}{3}\pi$ を引いている選択肢 <u>1</u> が正解となります。

正解　<u>1</u>

正三角形の外接円

正三角形の外接円の半径や面積を求める問題です。本来は三平方の定理から半径を求めますが、実は簡単に答えられます！

例題 1辺が2cmの正三角形の外接円の面積を求めよ。

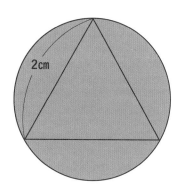

まずは、本来の解き方から紹介しましょう。

①円の中心から補助線を引きます。30°、60°、90°の直角三角形ができます。

円の中心から正三角形の
頂点を結ぶ補助線
＝円の半径

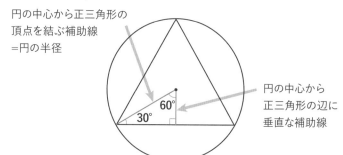

円の中心から
正三角形の辺に
垂直な補助線

②三平方の定理より、円の半径を求めます。

$2 : \sqrt{3} = r : 1$

$\sqrt{3}\,r = 2$

$r = \dfrac{2}{\sqrt{3}} = \dfrac{2\sqrt{3}}{3}$

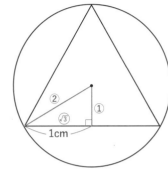

③円の面積を求めます。

円の面積＝半径×半径×π より、

$\dfrac{2\sqrt{3}}{3} \times \dfrac{2\sqrt{3}}{3} \times \pi = \dfrac{12}{9}\pi = \dfrac{4}{3}\pi\ \text{cm}^2$

式が複雑ですし、解き方がわからないと求めることができませんね。そこで超速！

超速テクニック！ **正三角形の外接円の面積の求め方**

正三角形に外接する円の面積

$1\text{辺} \times 1\text{辺} \times \dfrac{1}{3}\pi$

解　法　本問は正三角形の1辺の長さが2cmなので、

$2 \times 2 \times \dfrac{1}{3}\pi = \dfrac{4}{3}\pi\ \text{cm}^2$

正解 $\dfrac{4}{3}\pi\ \text{cm}^2$

下の図のような一辺の長さ a の正三角形とそれに外接する円で囲まれた灰色部分の面積として、正しいのはどれか。

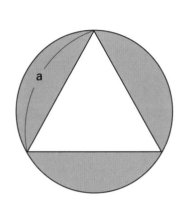

1. $\left(\dfrac{\pi}{2} - \dfrac{\sqrt{3}}{8}\right) a^2$

2. $\left(\dfrac{\pi}{2} - \dfrac{\sqrt{3}}{4}\right) a^2$

3. $\left(\dfrac{\pi}{3} - \dfrac{\sqrt{3}}{8}\right) a^2$

4. $\left(\dfrac{\pi}{3} - \dfrac{\sqrt{3}}{4}\right) a^2$

5. $\left(\dfrac{\pi}{4} - \dfrac{\sqrt{3}}{8}\right) a^2$

この問題も、式にあてはめると
超速で答えを出すことができます！

解答・解説

灰色の部分は、**外接円－正三角形**で求めることができます。
この問題では１辺が a であるため、

外接円の面積：$\underline{1 辺 \times 1 辺 \times \dfrac{1}{3}\pi}$

$$a \times a \times \frac{1}{3}\pi = \frac{\pi}{3}a^2$$

正三角形の面積：1辺 × 1辺 × $\frac{\sqrt{3}}{4}$（この公式も要暗記！）

$$a \times a \times \frac{\sqrt{3}}{4} = \frac{\sqrt{3}}{4}a^2$$

よって、$\frac{\pi}{3}a^2$（外接円の面積）から $\frac{\sqrt{3}}{4}a^2$（正三角形の面積）を引いている選択肢 <u>4</u> が正解となります。

正解　<u>4</u>

〈まとめ〉

正三角形の面積：1辺 × 1辺 × $\frac{\sqrt{3}}{4}$

正三角形の内接円の面積：1辺 × 1辺 × $\frac{1}{12}\pi$

正三角形の外接円の面積：1辺 × 1辺 × $\frac{1}{3}\pi$

内接円が $\frac{1}{12}\pi$、外接円が $\frac{1}{3}\pi$ なので、
内12外3「なかいにがいさん」で覚えましょう！

角 の 二 等 分 線

二等分線の性質を利用し、角度を求める問題です。本来は解答
手順が複雑ですが、超速テクニックですぐに答えが出せます！

例題 下の図のような三角形 ABC があり、この三角形と辺
BC が共通で∠ BDC = 123°の三角形 DBC がある。∠ ABD =
∠ CBD、かつ、∠ ACD =∠ BCD であるとき、∠ BAC の角度
として、正しいのはどれか。

1. 66°
2. 69°
3. 72°
4. 75°
5. 78°

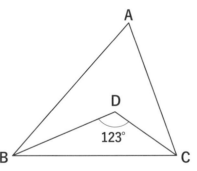

まずは、本来の解き方から紹介しましょう。

∠ DBC = a°、∠ DCB = b°、∠ BAC = x°とします。

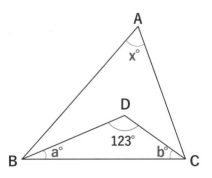

△ DBC について、三角形の内角の和は 180° なので、

$a + b + 123° = 180°$

$a + b = 57°$

問題文より、

∠ ABD = ∠ CBD であり、

∠ ACD = ∠ BCD であるため、

∠ ABC = 2a、∠ ACB = 2b と表すことができます。

また△ ABC について、三角形の内角の和は 180° なので、

$2a + 2b + x = 180$

$2(a + b) + x = 180$

$a + b = 57°$ より、

$2 × 57 + x = 180$

$114 + x = 180$

$x = 66°$

よって選択肢 1 が正解になります。

この方法は手順が多くて大変です。そこで超速！

BD・CD が角の二等分線のとき、
（○ − 90）× 2 ＝□

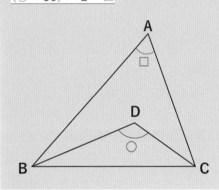

解法

この問題では、超速テクニックにおける○が 123° であるため

（123 − 90）× 2 ＝ 33 × 2

$\qquad\qquad\qquad = 66°$

よって、求めるべき角度の大きさ（超速テクニックにおける「□」）
は、<u>66°</u> です。

 正解 1

類題演習・もう１問！

次の図のように、三角形 ABC と、辺 BC が共通で∠ BDC
＝ 118° の三角形 DBC があり、∠ ABD ＝∠ CBD、かつ、
∠ ACD ＝∠ BCD であるとき、∠ BAC の角度として、正し
いのはどれか。

1. 53°
2. 56°
3. 59°
4. 62°
5. 65°

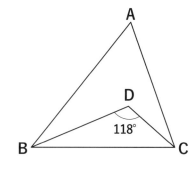

解答・解説

超速テクニックより、BD・CD が角の二等分線のとき、

$(○ - 90) × 2 = □$

が成り立ちます。

この問題では、○ = 118° であるため

$(118 - 90) × 2 = 28 × 2$

$= \underline{56°}$

よって、求めるべき角度の大きさ（= □）は、<u>56°</u>

したがって、選択肢 <u>2</u> が正解となります。

正解 <u>2</u>

1つひとつ角度などを出しても答えられますが、
超速テクニックを使うと、あっという間に答えが
出せるのがわかりますね！

資料解釈

資料を読み取る問題です。正確に答えを求めようとすると複雑な
ひっ算が必要ですが、実は概数の足し算で答えが出せます！

例題 次の表から確実に言えるのはどれか。

輸送機関別国内貨物輸送量の対前年度増加率の推移（単位：％）

区分	24年度	25	26	27	28
鉄道	6.2	4.2	△1.5	△0.5	2.0
自動車	△2.9	△0.5	△0.7	△0.6	2.1
内航海運	1.4	3.4	△2.4	△1.0	△0.3
航空	1.8	5.7	2.4	△1.0	△2.2

※△は、マイナスを示す。年度はいずれも平成

1. 平成28年度の自動車の国内貨物輸送量は、平成24年度のそ
   れの1.1倍を上回っている。

2. 平成24年度の航空の国内貨物輸送量を100としたときの平
   成27年度のそれの指数は、110を下回っている。

3. 表中の各年度のうち、鉄道の国内貨物輸送量がもっとも多い
   のは、平成24年度である。

4. 平成26年度において、自動車の国内貨物輸送量の対前年度
   減少量は、内航海運の国内貨物輸送量のそれを下回っている。

5. 鉄道の国内貨物輸送量の平成25年度に対する平成27年度の
   減少率は、内航海運の国内貨物輸送量のそれより大きい。

....

まずは、本来の解き方から紹介しましょう。

例えば、各年の鉄道の輸送量を求める際には、次のように計算し

ます。平成 23 年度の鉄道の輸送量を 100 とすると、平成 24 年度は 6.2%増加しているので、

平成 24 年度：100 × 1.062 = 106.2

となります。同様に、前年度の数値にその年度の増加率を掛けて求めます。

平成 25 年度：106.2 × 1.042 = 110.6604

平成 26 年度：110.6604 × 0.985 = 109.000494

平成 27 年度：109.000494 × 0.995 = ……

> このように、計算がとても複雑になってしまって大変です。そこで超速！

②

数的推理・資料解釈

超速テクニック！ 〉 *資料解釈の考え方*

対前年増加（減少）率からその年の数値などを求めるときは、大きな数値がない限り（目安は 20％以内）、割合の足し算・引き算で概数を求められる！

解法

鉄道であれば、平成 23 年度の輸送量を 100 とすると、前年度の数値にその年の増加率を掛けるのではなく、足したり引いたりして、その年度の数値の概算を出します。

平成 24 年度：100 + 6.2　 = 106.2

平成 25 年度：106.2 + 4.2 = 110.4

平成 26 年度：110.4 − 1.5 = 108.9

平成 27 年度：108.9 − 0.5 = 108.4

平成 28 年度：108.4 + 2　 = 110.4

超速テクニックを使えば、複雑な掛け算をせずとも、簡単に輸送量を概算することができるのです。

それでは、超速テクニックを踏まえて、各選択肢の正誤を見ていきましょう。

1. 平成24年度の自動車の国内貨物輸送量を100とすると、1.1倍は110となります。

   平成28年度は、100 − 0.5 − 0.7 − 0.6 + 2.1 = 100.3

   よって、1.1倍を上回っていないため、<u>誤り</u>。

2. 平成24年度の航空の国内貨物輸送量を100とすると、平成27年度は、100 + 5.7 + 2.4 − 1.0 = 107.1

   よって、110を下回っており、<u>正しい</u>。

3. 平成23年度の鉄道の国内貨物輸送量を100とすると、平成24年度は、100 + 6.2 = 106.2

   平成25年度は、100 + 6.2 + 4.2 = 110.4

   よって、平成25年度のほうが多く、平成24年度がもっとも多いとは言えないため、<u>誤り</u>。

4. 表中からは、自動車および内航海運の輸送量はわからず、平成26年度における減少量を比較することができないため、<u>誤り</u>。

5. それぞれの平成25年度に対する平成27年度の減少率は、

   鉄道　　：− 1.5 − 0.5 = − 2

   内航海運：− 2.4 − 1.0 = − 3.4

   よって、減少率は内航海運のほうが大きく、鉄道のほうが大きいとは言えないため、<u>誤り</u>。

よって、選択肢 <u>2</u> が正解となります。

正解　2

類題演習・もう1問！

次の図から正しく言えるものはどれか。

わが国における水産物の缶詰4種の生産量の対前年増加率の推移

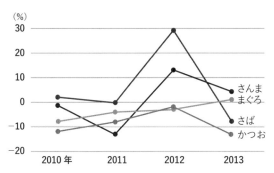

1. 2010年から2012年までのうち、まぐろの缶詰の生産量がもっとも多いのは2012年であり、もっとも少ないのは2010年である。

2. 2011年について見ると、4種の缶詰のうち、生産量が前年に比べて減少したのはさばの缶詰とさんまの缶詰だけである。

3. かつおの缶詰の生産量について見ると、2010年を100としたとき、2012年の指数は80を下回っている。

4. さばの缶詰の生産量について見ると、2011年から2013年までの3か年の1年あたりの平均の生産量は2010年の生産量を上回っている。

5. さんまの缶詰の生産量の対前年増加量について見ると、2013年は2012年を上回っている。

資料から対前年増加率を読み取ると、おおよそ以下の通り
となります。

	2010	2011	2012	2013
さんま	− 1	− 13	13	5
まぐろ	− 8	− 4	− 3	1
さば	2	0	29	− 8
かつお	− 12	− 8	− 2	− 12

対前年増加率の概数は、大きい数値がない限り（目安20%
以内）、足し算・引き算で考えることができます。

この問題では、さばの2012年が29と20%を超えています
が、2010、2011での増減に幅があまりないため、大きな誤
差は出ず、足し算・引き算で求めることができます。

1. 2009年のまぐろの缶詰の生産量を100とすると、それ
   ぞれの生産量は、
   2010年：100 − 8 = 92
   2011年：92 − 4 = 88
   よって、2010年より2011年のほうが少なく、2010年
   がもっとも少ないとは言えないため、誤り。

2. 2011年においては、4種すべて前年比マイナスとなって
   います。よって、さばとさんまだけとは言えず、誤り。

3. 2010年のかつおの缶詰の生産量を100とすると、2012
   年は、

100 − 8 − 2 = 90

よって、80 を下回っておらず、誤り。

4. 3 か年における生産量の 1 年あたりの平均は、「3 か年の生産量の合計÷ 3」で求めることができます。2010 年を 100 とすると、

2011 年：100 + 0 = 100

2012 年：100 + 29 = 129

2013 年：129 − 8 = 121

（100 + 129 + 121）÷ 3 ≒ 116.667

よって、2010 年の生産量を上回っているため、正しい。

5. 対前年増加量は、そのまま対前年増加率の比較で検討することができます。

2012 年：13

2013 年：5

よって、2013 年は 2012 年を上回っておらず、誤り。

よって、選択肢 4 が正解となります。

 正解 4

資料解釈の問題は、解答までにどうしても時間がかかります。超速テクニックを使いながら、焦らずに取り組みましょう！

数的推理・資料解釈編

ここまでの超速テクニックをまとめました。大事なところをサッと確認できるので、試験直前にも活用しましょう！

時計算

1. 選択肢を見て、帯分数の整数と分子の数を足し算する
2. 足して一の位が 0 になるものが正答となる

（例）$32\dfrac{8}{11}$　　$32 + 8 = 40$

道順

1. スタート地点から見て、タテとヨコのすべての交差点に 1 と書く
2. 残りの交差点は下（上）と右（左）の数字を足す
3. 求めたい交差点に出された数が、そこまでの道順の数

魔方陣

4 × 4 の魔方陣の場合、下図のように中心から点対称にある 2 マスの合計は、最初と最後の数の合計となる。

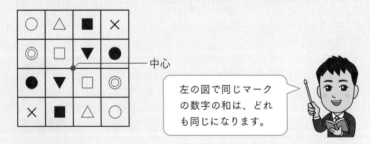

中心

左の図で同じマークの数字の和は、どれも同じになります。

切断面の面積

立方体を中点・中点・角で切断するときの切断面の面積

$1 辺 \times 1 辺 \times \sqrt{6} \div 2$

角度の総和

多角形の角度の総和
(角の数− 4)× 180°

直角三角形の内接円

直角三角形の辺の比が 3 : 4 : 5 のとき、内接円の半径は 1 となる(図1)。
また、直角三角形の辺の比が 5 : 12 : 13 のとき、内接円の半径は、 2
となる (図2)。

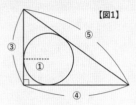

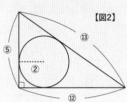

正三角形の内接円

正三角形に内接する円の面積

$$1 辺 × 1 辺 × \frac{1}{12} \pi$$

正三角形の外接円

正三角形に外接する円の面積

$$1 辺 × 1 辺 × \frac{1}{3} \pi$$

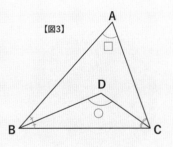

角の二等分線 (図3)

図3のような三角形 ABC の∠BAC の求め方
(○− 90)× 2 =□

資料解釈

対前年増加率からその年の数値などを求める場合、大きい数値がない
限り (目安 20%以内)、割合の足し算・引き算で概数を求められる。

合格のために知っておきたい受験者の動向

公務員試験では併願が普通？　民間企業との併願はどうしてる？　「公務員の
ライト」が行ったアンケートに基づき、実際の受験者たちのリアルな動向を
公開します！

Q1　公務員試験での併願数は？

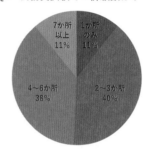

- 7か所以上 11%
- 1か所のみ 11%
- 4〜6か所 38%
- 2〜3か所 40%

Q2　民間企業を併願する？ する場合、併願数は？

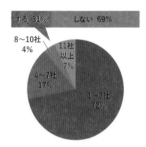

- する 31%
- しない 69%
- 8〜10社 4%
- 11社以上 7%
- 4〜7社 17%
- 1〜3社 72%

Q3　地元と他県の併願は？

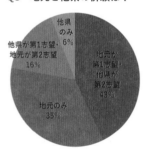

- 他県のみ 6%
- 他県が第1志望・地元が第2志望 16%
- 地元が第1志望・他県が第2志望 43%
- 地元のみ 35%

Q4　受験先に専門科目はある？ ある場合、何科目を勉強？

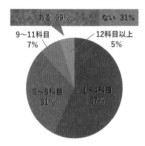

- ある 69%
- ない 31%
- 9〜11科目 7%
- 12科目以上 5%
- 5〜8科目 31%
- 1〜4科目 57%

併願については、9割近くの方が複数か所を受験し、約3割の方が民間企業
を併願していました。一方で、他県との併願については、地元を重視してい
る方が約8割を占めました。また、受験先の一次試験で、憲法や民法、経済
学などの専門科目が「ある」と答えた受験生は69%でした。1〜4科目を勉
強しているのは受験生の半数以上で、勉強科目の中心は、憲法・行政法・民法・
ミクロ経済学・マクロ経済学との結果が得られています。

第 **2** 章

知識系科目・
超速ゴロあわせ編

本章では、社会科学、人文科学、自然科学の各科
目の超頻出分野を、ゴロあわせで楽しく覚えてい
きましょう。そして、①各科目のポイント確認⇒
②ゴロあわせ⇒③例題⇒④類題演習と段階的に学
ぶことで、本試験にも対応できる力を身につけて
いきましょう！

社会契約説

人物名とキーワードをしっかり押さえれば、即1点！ ゴロあわせでサクッと覚えましょう！

覚えるのはコレ！ 社会契約説に関する人物とキーワード

人物	キーワード	
ロック	抵抗権	市民政府二論
ホッブズ	リヴァイアサン	万人の万人に対する闘争
モンテスキュー	三権分立	法の精神
ルソー	社会契約論	一般意思

社会契約説は頻出分野です！
しっかり押さえましょう。そこで超速！

超速ゴロあわせ！ **ロッテ市民、堀に逃走3件訪問、ルパンと契約**

- ・ロッ：ロック
- ・市民：市民政府二論
- ・堀 ：ホッブズ・リヴァイアサン （に）
- ・逃走：万人の万人に対する闘争
- ・3件：三権分立
- ・問 ：モンテスキュー
- ・ル ：ルソー
- ・契約：社会契約論

- ・テ ：抵抗権
- ・訪 ：法の精神
- ・パン：一般意思 （と）

例題 人物のキーワードとして正しいものをすべて選べ。

①ホッブズ（法の精神・リヴァイアサン・一般意思）

②ロック（市民政府二論・抵抗権・三権分立）

③ルソー（社会契約論・抵抗権・一般意思）

人物名とキーワードを結びつけられるようにしておきましょう！

正解 ①**リヴァイアサン**　②**市民政府二論・抵抗権**
　　　　③**社会契約論・一般意思**

類題演習・もう１問！

A〜Cの記述と思想家の組み合わせで妥当なものはどれか。

A　自然状態を「万人の万人に対する闘争」とし、「リヴァイアサン」を著した。

B　自然状態を、自然法が支配し平和だが不完全な状態とし、「市民政府二論」を著した。

C　自然状態を、自由・平等と平和が理想的に保たれている状態としたが、不平等な文明社会が生まれたため、人々は公共の利益をめざす一般意思への服従を契約するとして、「社会契約論」を著した。

1. A：ルソー　　B：ロック　　　C：ホッブズ

2. A：ホッブズ　B：ヴォルテール　C：モンテスキュー

3. A：ホッブズ　B：ロック　　　C：ルソー

4. A：ロック　　B：ホッブズ　　C：ルソー

解答・解説

A：**ホッブズ**　B：**ロック**　C：**ルソー**　の記述です。

正解 <u>3</u>

アメリカの大統領

アメリカの政治制度については、重要事項を押さえれば即 1 点！
混同しないようにしっかりと覚えましょう！

覚えるのはコレ！ **アメリカ大統領の特徴**

①大統領は国民からの<u>間接選挙</u>で選出される。

②大統領の**任期は 4 年**で最長二期までで、**三選は禁止**（最長 8 年）
　である。

③大統領は議会に対して**教書送付権**や**法案拒否権**を**持つ**。

④大統領は議会に対する**法案提出権**や**議会の解散権**を持たない。

> 法案拒否権は有しますが、法案提出権は有しません。
> 注意しましょう。そこで超速！

超速ゴロあわせ！ **アカン拒否！　教祖さん禁止で人気よ！**

- ・ア　　　：アメリカ大統領
- ・カン　　：間接選挙
- ・拒否　　：法案拒否権
- ・教祖　　：教書送付権
- ・さん禁止：三選禁止　（で）
- ・人気よ　：任期 4 年

例題 アメリカの大統領の特徴として、正しいものを選べ。

①選挙制度（直接選挙・間接選挙）

②任期（3年・4年）

③法案拒否権（あり・なし）

特徴をしっかり押さえることで、一気に解けるようになります！

正解 ①間接選挙　②4年　③あり

類題演習・もう1問！

アメリカの政治制度に関して、妥当なものはどれか。

1. 大統領の任期は3年で、三選は禁止されている。

2. 大統領は、連邦議会が可決した法案に対する拒否権を有していない。

3. 大統領は、有権者が直接大統領を選出する直接選挙によって選ばれる。

4. 大統領は議会に対して法案および予算案を提出する権利を有する。

5. 大統領は、連邦議会に教書を送って法律の制定を要請することができる。

解答・解説

1：×任期は4年で、三選は禁止されています

2：×連邦議会が可決した法案に対する拒否権を有します

3：×間接選挙によって選ばれます

4：×議会に対して法案提出権はありません

5：○正しい

正解 5

新しい人権

ここは簡単なテーマです。ゴロあわせで即、暗記しましょう！

覚えるのはコレ！ 4つの新しい人権と内容・根拠

憲法に明記はされていないものの、憲法13条「幸福追求権」などを根拠に認められるようになった新しい権利のこと。

名称	内容
プライバシー権	①消極的意味：私生活をみだりに公開されない権利 ②積極的意味：自己に関する情報をコントロールする権利
肖像権	承諾なしに、みだりにその容貌などを撮影されない権利
知る権利	国民が国の政治や行政についての情報を知ることができる権利
環境権	生命や健康を守るために、快適な環境で生活をする権利

新しい4つの人権を覚えることで切れる選択肢があります。
そこで超速！

超速ゴロあわせ！ 新しい居場所？　知るか！

・新しい：新しい人権
・居場　：プライバシー権　　・所：肖像権
・知る　：知る権利　　　　　・か：環境権

例題 新しい人権として正しいものを選べ。

① （生存権・プライバシー権・黙秘権・教育を受ける権利）

② （裁判を受ける権利・肖像権・検閲の禁止・労働三法）

警察の試験でよく出題されます。受験する方は特に要チェック！

正解 ①プライバシー権 ②肖像権

類題演習・もう1問！

次のA〜Eのうち、新しい人権の組み合わせとしてもっとも妥当なものはどれか。

A 環境権 　　B 社会権 　　C 黙秘権

D 肖像権 　　E 生存権

1. A・C　　2. A・D　　3. B・D

4. B・E　　5. C・E

解答・解説

A：○環境権は**新しい人権**です

B：×社会権は**基本的人権**です

C：×黙秘権は**人身の自由**です

D：○肖像権は**新しい人権**です

E：×生存権は**社会権**です

したがって、**A・D**が新しい人権であり、正解は**2**となります。

正解 2

人権の分類

　自由権の３つの分類は超頻出分野です。ゴロあわせでサクッと押さえましょう！

覚えるのはコレ！　**自由権**

基本的人権の１つで、国から制限を受けず、自由に活動できる権利のこと。

精神的自由権	経済的自由権	人身の自由
思想・良心の自由	職業選択の自由	住居不可侵
信教の自由	財産権	不当な逮捕禁止
学問の自由	居住・移転の権利	拷問の禁止
表現の自由	―	黙秘権

> 自由権の2つをゴロあわせで丸暗記！
> 人身の自由は、刑事事件をイメージ
> すると覚えやすいですよ！

超速ゴロあわせ！
①精神的自由権：清掃今日が期限
②経済的自由権：ケーキの食材、10円！

- 清　：精神的自由権
- 今日：信教の自由
- 期限：表現の自由
- ケー：経済的自由権　（キの）
- 材　：財産権
- 掃　：思想・良心の自由
- が　：学問の自由
- 食　：職業選択の自由
- 10円：居住・移転の権利

例題 正しいものをすべて選べ。

①精神的自由権（黙秘権・拷問の禁止・表現の自由）

②人身の自由（学問の自由・信教の自由・不当な逮捕禁止）

分類を押さえることで不要な選択肢を切ることができ、試験問題が解けるようになります！

正解 ①表現の自由　②不当な逮捕禁止

類題演習・もう1問！

下記の組み合わせで正しいものはどれか。

1. 精神的自由権　―　黙秘権
2. 人身の自由　―　学問の自由
3. 経済的自由権　―　生存権
4. 精神的自由権　―　学問の自由
5. 人身の自由　―　信教の自由

解答・解説

1：×黙秘権は**人身の自由**です

2：×学問の自由は**精神的自由権**です

3：×生存権は**社会権**です

4：○正しい

5：×信教の自由は**精神的自由権**です

正解 4

社会権

自由権との比較でよく出題される部分ですが、ゴロあわせで一発暗記しましょう！

覚えるのはコレ！ **大事な4つの社会権**

国に対して人間らしい<u>生活の保障</u>を要求する権利のこと。

①<u>生存権</u>：健康で文化的な最低限度の生活を営む権利

②<u>教育を受ける権利</u>

③<u>勤労の権利</u>

④<u>労働基本権（労働三権）</u>：団結権・団体交渉権・団体行動権

> 簡単だからこそ、ど忘れしてしまいがち……そこで超速！

超速ゴロあわせ！ **社会は強制労働**

・社会：社会権　（は）

・強　：教育を受ける権利

・制　：生存権

・労働：労働基本権・勤労の権利

例題 社会権として正しいものを選べ。

① （学問の自由・表現の自由・生存権・プライバシー権）

② （勤労の権利・信教の自由・職業選択の自由・環境権）

社会権がわかれば自由権の不要な選択肢も切れて一石二鳥です！

正解 ①生存権　②勤労の権利

類題演習・もう1問！

次のア～オの人権のうち、社会権に分類される人権の組み合わせとして、もっとも妥当なものはどれか。

ア　教育を受ける権利
イ　プライバシー権
ウ　労働基本権
エ　黙秘権
オ　環境権

1．ア・ウ　2．ア・エ　3．イ・オ　4．ウ・エ　5．ウ・オ

解答・解説

ア：○教育を受ける権利は**社会権**です
イ：×プライバシー権は**新しい人権**です
ウ：○労働基本権は**社会権**です
エ：×黙秘権は**人身の自由**です
オ：×環境権は**新しい人権**です
したがって、**ア・ウ**が社会権であり、正解は**1**となります。

正解 1

労働基本権の3つの権利を労働三権と言い、これらを含む労働者の権利の基盤を定めた法律が「労働三法」です。

労働三法

実は意外と出題がある労働三法。一度聞いたら二度と忘れない
ゴロあわせで覚えましょう！

覚えるのはコレ！　労働三法のポイント

・**労働基準**法：労働条件の最低条件を定めている法律
・**労働組合**法：労働組合の活動に関する法律
・**労働関係調整**法：労働争議の予防、解決に関する法律

> ３つをすべて覚えれば、本試験で
> 対応可能になります。そこで超速！

超速ゴロあわせ！　三方向からの浣腸効く〜

・三方：労働三法　（向からの）
・浣腸：労働関係調整法
・効　：労働基準法
・く　：労働組合法

例題　労働三法をすべて答えよ。

(　　　　　　　　・　　　　　　　・　　　　　　　)

労働三法は見落としがちなので、ここでサクッと押さえておきま
しょう！

正解　労働基準法・労働組合法・労働関係調整法

類題演習・もう1問!

労働三法の組み合わせとして、もっとも妥当なものはどれか。

1. 労働組合法—職業安定法—男女雇用機会均等法
2. 労働組合法—労働者派遣法—労働契約法
3. 労働基準法—労働組合法—労働関係調整法
4. 労働基準法—労働関係調整法—労働者派遣法
5. 労働基準法—労働関係調整法—労働安全衛生法

解答・解説

労働三法は

・<u>労働基準</u>法

・<u>労働組合</u>法

・<u>労働関係調整</u>法

の3つ。したがって、正解は <u>3</u> となります。

 正解 3

ゴロあわせで必修ポイントをインプットし、
例題と類題演習でアウトプットして、
しっかりと覚えていきましょう。

国会の権能

ここからは憲法の統治分野になります。政治科目で出題が一番多い分野です。

覚えるのはコレ！ 国会の権能と内容

国会の権能	説明・注意点
弾劾裁判所の設置	裁判官を辞めさせるかどうかを判断する裁判
条約の承認	内閣が締結する条約を国会が承認する
法律案の議決	法律を制定する
憲法改正の発議	衆議院と参議院の総議員の3分の2以上の賛成で発議する ※詳細は 126 ページ参照
内閣総理大臣の指名	国会が指名し天皇が任命する
予算案の議決	内閣が作成した予算案を国会が決議

国会の権能は頻出です。しっかり押さえましょう。そこで超速！

超速ゴロあわせ！ 壇上にホリケンなしよ！

・壇 ：弾劾裁判所の設置　　　・上に：条約の承認
・ホリ：法律案の議決　　　　・ケン：憲法改正の発議
・なし：内閣総理大臣の指名　・よ ：予算案の議決

例 題 国会の権能を答えよ。

（　　　　　　　　）の設置・（　　　　　　　　）の発議・
（　　　　　　　　）の承認・（　　　　　　　　）の指名・
（　　　　　　　　）の議決・（　　　　　　　　）の議決

このような形での出題がありますが、ゴロあわせで覚えておけば、空欄に入るものはすぐにわかります！

正解 **弾劾裁判所**の設置・**憲法改正**の発議・
条約の承認・**内閣総理大臣**の指名・
法律案の議決・**予算案**の議決

類題演習・もう１問！

日本国憲法に規定する国会の権限に関する記述として、妥当なもののみを挙げているのはどれか。

A　外交関係の処理を行い、条約を締結すること

B　天皇の国事行為に関する助言と承認を行うこと

C　国務大臣を罷免すること

D　罷免の訴追を受けた裁判官を裁判する弾劾裁判所を設置すること

E　憲法の改正を発議すること

1. A・C　　2. A・D　　3. B・C　　4. B・E　　5. D・E

解答・解説

A：×外交関係の処理・条約の締結は**内閣**の権能です

B：×天皇の国事行為に関する助言と承認は**内閣**の権能です

C：×国務大臣の罷免は**内閣総理大臣**の権能です

正解 5

衆議院の優越

衆議院の優越だけでなく参議院の議決期間も一緒に押さえることで、即1点につながります！

覚えるのはコレ！ 衆議院の議決の効力における優越

国の重要事項は、衆議院と参議院の議決が一致することで決められます。しかし、両院の議決が異なると、国の重要事項が決められない場合が出てきます。そこで憲法では、このような場合に衆議院の議決を優先するための衆議院の優越が規定されています。

内容	両院協議会	参議院の議決期間
条約の承認	必ず開く	30日
法律案の議決	開いても開かなくてもよい	60日
内閣総理大臣の指名	必ず開く	10日
予算案の議決	必ず開く	30日

衆議院の優越をゴロあわせで超速で丸暗記！
また、「法律案の議決」だけ、両院協議会の
開催が任意であることを押さえておきましょう。

超速ゴロあわせ！ 情報ないよ、寒いさ

・情　：条約の承認　　　　　・さ：30日
・報　：法律案の議決　　　　・む：60日
・ない：内閣総理大臣の指名　・い：10日
・よ　：予算案の議決　　　　・さ：30日
※このゴロあわせは縦に見てください。左右の段が対応しています（例／情：条約の承認 ─ さ：30日）

例題 衆議院の優越として、正しいものを選べ。

① （条約の締結・予算案の議決・憲法改正の発議・政令の制定）

② （法律案の議決・国務大臣の任免・弾劾裁判所の設置・恩赦の
決定）

参議院の議決期間も一緒にセットで押さえることで、さまざまな
問題に対応可能になります！

正解 ①**予算案の議決** ②**法律案の議決**

類題演習・もう1問！

衆議院の優越として、誤っているものはどれか。

1. 条約の承認
2. 予算案の議決
3. 憲法改正の発議
4. 法律案の議決
5. 内閣総理大臣の指名

解答・解説

憲法改正の発議に衆議院の優越はありません。したがって、
正解は 3 となります。

正解 3

内閣の権能

内閣の権能は覚えることが少し多いですが、ゴロあわせを使えば一瞬で完璧です！

覚えるのはコレ！ 内閣の権能と特徴など

権能の種類	特徴・補足
恩赦(おんしゃ)の決定	認証は天皇が行う
条約の締結	条約の承認は国会なので注意
政令の制定	内閣が制定する命令
予算の作成	予算案は先に衆議院に提出
官吏(かんり)に関する事務	国家公務員に関する事務のとりまとめを行う
法律の執行	誠実に執行する
外交関係の処理	外国との交渉や交際を行う
最高裁判所長官以外の裁判官の任命	※覚え方は122ページ参照

権能の中でも特に重要なのが内閣です。確実に押さえて1点につなげましょう。そこで超速！

超速ゴロあわせ！ 御社の女性がようかんほしがる！

- ・御社：恩赦の決定 （の）
- ・女 ：条約の締結
- ・性 ：政令の制定 （が）
- ・よう：予算の作成
- ・かん：官吏に関する事務
- ・ほし：法律の執行
- ・が ：外交関係の処理 （る）

例題 内閣の権能として、正しいものを選べ。

① (条約の承認・予算案の議決・憲法改正の発議・政令の制定)

② (法律案の議決・国務大臣の任免権・弾劾裁判所の設置・恩赦の決定)

内閣の権能を押さえることで、問題に含まれている国会の権能などの不要な選択肢も切れるので、しっかり暗記しましょう！

正解 ①政令の制定　②恩赦の決定

類題演習・もう1問！

日本国憲法に規定する内閣の権限に関する記述として、妥当なもののみを挙げているのはどれか。

A　条約を承認　　　　　　B　予算の作成

C　最高裁判所長官の任命　D　政令の制定

E　憲法の改正を発議

1. A・C　　2. A・D　　3. B・D

4. B・E　　5. C・E

解答・解説

A：×条約の承認は**国会**の権能です

B：○予算の作成は**内閣**の権能です

C：×最高裁判所長官の任命は**天皇**の国事行為です

D：○政令の制定は**内閣**の権能です

E：×憲法改正の発議は**国会**の権能です

したがって内閣の権能は **B・D** で、**3** が正解となります。

正解 3

内閣総理大臣の権能

内閣の権能とまぎらわしい部分ですが、これもゴロあわせで押さえられるので、安心してください!

覚えるのはコレ! 内閣総理大臣の6つの権能

①国務大臣の任免権

②国務大臣の訴追に関する同意権

③国会への議案提出・国会へ一般国務と外交関係を報告

④法律と政令に連署

⑤行政各部を指揮監督

⑥閣議を主宰して議長を務める

> さまざまな権能がありますが、実は赤字の部分を押さえることで1点取れます! そこで超速!

超速ゴロあわせ! **国連失格!**

・国：国務大臣の任免権

・連：法律と政令に連署

・失：行政各部を指揮監督

・格：閣議を主宰して議長を務める

例 題 内閣総理大臣の権能をすべて選べ。

(外交関係の処理・国務大臣の任免権・政令の制定・恩赦の決定・憲法改正の発議・弾劾裁判所の設置・法律と政令に連署)

内閣の権能と内閣総理大臣がしっかり分類できると、解ける問題の幅が各段に広がります！

正解 国務大臣の任免権・法律と政令に連署

類題演習・もう１問！

A〜Fのうち、内閣総理大臣の権能に該当するもののみを組み合わせたものとして正しいのは、次のうちどれか。

A　予算案を作成して国会に提出すること
B　閣議にかけて決定した方針に基づいて行政各部を指揮監督すること
C　法律を実施するために政令を制定すること
D　国務大臣を任免すること
E　外交関係を処理すること
F　大赦、特赦、減刑、刑の執行および復権を決定すること

1. B・D　　2. A・C・E　　3. A・B・F
4. D・E　　5. C・D・F

解答・解説

A：×予算案の作成と国会への提出は内閣の権能です
B：○内閣総理大臣の権能です
C：×政令の制定は内閣の権能です
D：○内閣総理大臣の権能です
E：×外交関係の処理は内閣の権能です
F：×恩赦の決定は内閣の権能です

正解 1

裁判所

指名・任命・認証については迷う部分です。そこで、ゴロあわせで正確に押さえましょう！

覚えるのはコレ！ 裁判官の指名・任命・認証

	指名	任命	認証
最高裁判所長官	**内閣**	**天皇**	―
最高裁判所長官以外	―	**内閣**	**天皇**

> 指名、任命、認証と、細かい引っかけがあります。
> しっかり覚えましょう。そこで超速！

超速ゴロあわせ！ ①校長しない任天堂
②意外にない商店

- ・校長：最高裁判所長官
- ・し ：指名　　　　　　　・ない：内閣
- ・任 ：任命　　　　　　　・天 ：天皇 （堂）
- ・意外：最高裁判所長官以外
- ・に ：任命　　　　　　　・ない：内閣
- ・商 ：認証　　　　　　　・店 ：天皇

例題 下の表の空欄を埋めよ。

	指名	任命	認証
最高裁判所長官	（①　　　）	（②　　　）	―
最高裁判所長官以外	―	（③　　　）	（④　　　）

① 政治

裁判所は公務員の各試験で頻出です。しっかり押さえて、1点につなげましょう！

正解 ①**内閣** ②**天皇** ③**内閣** ④**天皇**

類題演習・もう1問！

最高裁判所の長たる裁判官の任命方法として正しいものは、次のうちどれか。

1. 国会の指名に基づいて、天皇が任命する。
2. 閣議の決定に基づいて、内閣総理大臣が任命する。
3. 最高裁判所判事の互選により定められた裁判官を内閣総理大臣が任命する。
4. 内閣の指名に基づいて、天皇が任命する。
5. 国会の指名に基づいて、内閣総理大臣が任命する。

解答・解説

最高裁判所長官は

　指名：**内閣**　任命：**天皇**

です。したがって正解は 4 となります。

正解 **4**

直接請求権

地方自治の分野でよく出題される部分です。ゴロあわせを使って超速で暗記しましょう！

覚えるのはコレ！ 直接請求権での必要な署名数と請求先

	必要な署名数	請求先
条例の制定または改廃	50分の1	首長
事務の監査請求	50分の1	監査委員
首長・議員の解職請求	3分の1	選挙管理委員会
議会の解散請求	3分の1	選挙管理委員会

それぞれの請求先と必要な署名数をしっかり押さえましょう！ そこで超速！

超速ゴロあわせ！ 50歳の城主カンカン 3人クビにせんか！ 解散せんか！

- 50歳：50分の1 （の）
- 城　：条約の制定・改廃　　　・主　：首長
- カン：事務の監査請求　　　　・カン：監査委員
- 3人：3分の1
- クビ：首長・議員の解職 （に）・せんか：選挙管理委員会
- 解散：議会の解散　　　　　　・せんか：選挙管理委員会

例題 下の表の空欄を埋めよ。

	必要な署名数	請求先
条例の制定または改廃	50分の1	（①　　　　）
首長・議員の解職請求	3分の1	（②　　　　）

必要な署名数を一緒に押さえると、本試験で対応できます。

 正解 ①首長　②選挙管理委員会

類題演習・もう1問！

地方公共団体の住民に認められる権利について、もっとも妥当なものはどれか。

1. 条例の制定や改廃を請求することができ、有権者の50分の1以上の署名をもって選挙管理委員会に請求することにより、請求した条例は直ちに成立または改廃される。

2. 地方議会の解散を請求することができ、有権者の3分の1以上の署名をもって監査委員に請求すれば、10日以内に議会は解散される。

3. 首長および地方議会議員の解職を請求することができ、有権者の50分の1以上の署名をもって選挙管理委員会に請求すれば、直ちに首長またはその議員は解職となる。

4. 有権者の50分の1以上の署名をもって監査委員に対して事務の監査を請求することができ、その監査結果は公表され、議会や長などにも報告される。

解答・解説

1：×条例の制定や改廃の請求先は**首長**です

2：×議会の解散請求の請求先は**選挙管理委員会**です

3：×首長および地方議会議員の解職請求に必要な署名は**3分の1以上**です

4：○正しい

正解 4

憲法改正

憲法改正の手続きは正確に押さえましょう。ゴロあわせで即暗記できます!

覚えるのはコレ! 憲法改正の発議の流れ

①各議院の**総議員**の **3分の2** 以上の賛成で、<u>国会</u>が発議

②<u>国民投票</u>で過半数の賛成

> 「総議員」を「出席議員」とするなど、たくさんの
> 引っかけ問題が出題されます。そこで超速!

超速ゴロあわせ! 隠そう兄さん! 開発費加算!!

- ・隠：各議院　・そう：総議員　・兄さん：3分の2
- ・開：国会　　・発　：発議　　・費　　：国民投票
- ・加：過半数　・算　：賛成

例題 憲法改正に関する下の文の空欄を埋めよ。

①各議院の（　　　）の（　　　）以上の賛成で（　　）が発議

②（　　　　　）で（　　　　　　）の賛成

憲法改正はどの公務員試験でも頻出です。ここでしっかり押さえて、1点につなげましょう!

正解 ①総議員・<u>3分の2</u>・国会　②国民投票・過半数

類題演習・もう1問！

日本国憲法の改正手続きに関する下記の記述の A、B にあてはまる語句の組み合わせとして、妥当なものはどれか。

各議院の総議員の（A）で国会が発議し、国民に提案してその承認を経なければならない。この承認には、特別の国民投票または国会の定める選挙の際に行われる投票において、その（B）を必要とする。

1．A：過半数の賛成　　　　　B：3分の2以上の賛成
2．A：3分の2以上の賛成　　B：3分の2以上の賛成
3．A：3分の2以上の賛成　　B：過半数の賛成
4．A：3分の1以上の賛成　　B：過半数の賛成
5．A：過半数の賛成　　　　　B：過半数の賛成

解答・解説

A：<u>3分の2以上</u>の賛成　B：<u>過半数</u>の賛成　となります。

正解　<u>3</u>

憲法改正に関して、どのような流れで進んでいくかを、必要な賛成数と合わせてしっかりと覚えておきましょう！

政治編

ここまでのゴロあわせとポイントをまとめました。大事なところを
サッと確認できるので、試験直前にも活用しましょう！

社会契約説

ゴロあわせ ロッテ市民、堀に逃走３件訪問、ルパンと契約

人物	キーワード	
ロック	**抵**抗権	**市民**政府二論
ホッブズ	**リ**ヴァイアサン	万人の万人に対する**闘争**
モンテスキュー	**三権**分立	**法**の精神
ルソー	社会**契約**論	一**般**意思

表の中の太字がゴロあわせ
に対応しています。

アメリカの大統領

ゴロあわせ アカン拒否！　教祖さん禁止で人気よ！

・**ア**メリカの大統領は国民からの間接選挙で選出される
・**任期**は4年、三選**禁止**（最長8年）である
・大統領は議会に対して教書送付権や法案拒否権を持つ

128

人権・社会権・労働三法

ゴロあわせ

- 新しい人権：新しい居場所？　知るか！
- 精神的自由権：清掃今日が期限
- 経済的自由権：ケーキの食材、10円！
- 社会権：社会は強制労働
- 労働三法：三方向からの浣腸効く〜

新しい人権	精神的自由権	経済的自由権	社会権	労働三法
プライバシー権	思想・良心の自由	職業選択の自由	生存権	労働関係調整法
肖像権	信教の自由	財産権	教育を受ける権利	労働基準法
知る権利	学問の自由	居住・移転の権利	勤労の権利	労働組合法
環境権	表現の自由	―	労働基本権	―

> 簡単なところほど、ど忘れしてしまいがち！
> しっかり見直しておきましょう。

裁判所

ゴロあわせ ①校長しない任天堂　　②意外にない商店

最高裁判所長官	指名：内閣	任命：天皇
最高裁判所長官以外	任命：内閣	認証：天皇

ゴロあわせ

・国会の権能：壇上にホリケンなしよ！
・衆議院の優越：情報ないよ、寒いさ
・内閣の権能：御社の女性がようかんほしがる！
・内閣総理大臣の権能：国連失格！

国会の権能	衆議院の優越 （参議院の 議決期間）	内閣の権能	内閣総理大臣の 権能
弾劾裁判所の 設置	条約の承認 （30 日）	恩赦の決定	国務大臣任免権
条約の承認	法律案の議決 （60 日）	条約の締結	国務大臣の訴追 に関する同意権
法律案の議決	内閣総理大臣の 指名（10 日）	政令の制定	国会への議案 提出・国会へ
憲法改正の発議	予算案の議決 （30 日）	予算の作成	一般国務と 外交関係を報告
内閣総理大臣の **指名**	―	官吏に関する 事務	法律と政令に 連署
予算案の議決	―	法律の**執行**	行政各部を **指揮**監督
―	―	外交関係の処理	閣議を主宰して 議長を務める

直接請求権

`ゴロあわせ` 50 歳の城主カンカン　3人クビにせんか！　解散せんか！

	必要な署名数	請求先
条例の制定または改廃	<u>50 分の 1</u>	<u>首</u>長
首長・議員の解職請求	<u>3 分の 1</u>	<u>選挙管理委員会</u>
事務の**監**査請求	<u>50 分の 1</u>	<u>監</u>査委員
議会の**解散**請求	<u>3 分の 1</u>	<u>選挙管理委員会</u>

> 漢字だらけで難しそうに見えますが、ゴロあわ
> せを活用して記憶にしっかり残しましょう！

憲法改正

`ゴロあわせ` 隠そう兄さん！　開発費加算!!

①**各**議院の**総**議員の**3分の2**以上の賛成で、**国会**が**発議**
②国民投票の<u>過半数</u>の**賛**成

> 公務員試験では、憲法に関する問題が出題
> されがちです。憲法改正の内容と合わせて、
> 主要な条文も確認しておきましょう！

経済学者

経済学者と著書名、キーワードと覚えることがたくさんありますが、ゴロあわせで即1点につながります！

覚えるのはコレ！ 主な経済学者の著書とキーワード

人物（出身国）	著書	キーワード
ケインズ（イギリス）	雇用・利子および貨幣の一般理論	有効需要の原理／完全雇用の実現／修正資本主義の理論を支える→ニューディール政策に影響
アダム・スミス（イギリス）	国富論（諸国民の富）	自由放任（国家は経済に不介入）／神の見えざる手（自由競争市場の需給の調節機能）
リスト（ドイツ）	政治経済学の国民的体系	ドイツでは保護貿易政策が必要
リカード（イギリス）	経済学および課税の原理	比較生産費説／自由貿易と国際分業の合理性
マルクス（ドイツ）	資本論	剰余価値説を基礎に、資本主義→社会主義への移行を主張

まずは重要な4人の経済学者を暗記しましょう！そこで超速！

超速ゴロあわせ！ ①けいこゆうこ、アフロ髪

- けい：ケインズ
- こ ：雇用・利子および貨幣の一般理論
- ゆう：有効需要
- こ ：完全雇用
- ア ：アダム・スミス
- フロ：国富論
- 髪 ：神の見えざる手

超速ゴロあわせ！ **②自由なりカちゃん、カゼ引き悲惨**

・自由　　：自由貿易　（な）　・リカちゃん：リカード
・カゼ引き：課税の原理　　　　・悲惨　　　：比較生産費説

例 題 人物と関係が深いものをすべて選べ。
①ケインズ（有効需要・完全雇用・保護貿易・自由貿易）
②リカード（比較生産費説・保護貿易・有効需要）
③アダム・スミス（国富論・経済学および課税の原理）

特に重要で比較される３人です。しっかり押さえましょう！

正解 ①有効需要・完全雇用　②比較生産費説　③国富論

類題演習・もう１問！

人物名と関係の深い事柄の正しい組み合わせはどれか。

A　アダム・スミス―神の見えざる手―『国富論』
B　リカード―有効需要の原理
　　　―『雇用・利子および貨幣の一般理論』
C　リスト―比較生産費説―『経済学および課税の原理』
D　マルクス―剰余価値説―『資本論』

1．AとC　2．AとD　3．BとC　4．BとD

解答・解説
Bは**ケインズ**、Cは**リカード**の記述です。

正解 2

企業の拡大と結合

合併？　協定？　同種？　異種？　ここはゴロあわせで頭を整理
しましょう！

覚えるのはコレ！　企業の拡大と結合に関する重要語句

名称	キーワード
カルテル	同種分野の企業どうしが、独立したまま、価格や生産量などについて協定を結ぶ
トラスト	同種分野の企業どうしが合併などにより１つの大企業になる。独立性は失われる
コングロマリット	異種産業の企業を買収・合併／複数の産業にまたがって多角的な経営を行う
コンツェルン	異種産業の諸企業が株式所有や金融のつながりによって結合された企業群

> コングロマリット、コンツェルンなど、
> 用語が似ている……そこで超速！

超速ゴロあわせ！　加藤漕ぐコツ堂々と言い今日 GO GO か！

- 加　：カルテル
- 藤　：トラスト
- 漕ぐ：コングロマリット
- コツ：コンツェルン
- 堂：同種
- 々：同種　（と）
- 言：異種
- い：異種
- 今日：協定
- GO：合併
- GO：合併
- か　：株式

※このゴロあわせは縦に見てください。左右の段が対応しています（例／加：カルテル　―　堂：同種　―　今日：協定）

例題 下の表の空欄を埋めよ。

カルテル	（①　　　　　）	協定
トラスト	同種	（②　　　　　）
コングロマリット	（③　　　　　）	合併
（④　　　　　）	異種	株式

同種か異種か協定か合併かを押さえるだけでも解けます！

正解 ①同種　②合併　③異種　④コンツェルン

類題演習・もう１問！

コングロマリットの記述として妥当なものはどれか。

1. 異なる産業の企業を合併・買収し、多角的な経済活動を する複合企業。
2. 複数の企業が価格や生産量などについて協定する形態。
3. 親企業を中心に、異なる産業の企業を株式保有で傘下に 置いて支配する形態。
4. 同じ産業の大企業が、合併や吸収により市場の支配をめ ざす形態。

解答・解説

1：○正しい
2：× **カルテル**の説明です
3：× **コンツェルン**の説明です
4：× **トラスト**の説明です

正解 1

景気循環

ゴロあわせを使えば、景気循環も期間と内容を一発で覚えられます！

覚えるのはコレ！ 景気循環のキーワードと年数

循環名	要因	周期
コンドラチェフ	技術革新	約 50 年
クズネッツ	建設投資	約 20 年
ジュグラー	設備投資	約 10 年
キチン	在庫	約 3 年

※景気循環の要因は、技術⇒建設⇒設備⇒在庫の順となっています。規模が大きいものから順に押さえましょう

言葉のイメージで押さえていきましょう。
景気循環の内容を超速！

超速ゴロあわせ！

キチンは 3 文字なので 3 年、ジュグラーはジュから 10 年、クズネッツの「ツー」の 2 で 20 年、コンドラチェフの「コ」は 5 で 50 年！

例題 下の表の空欄を埋めよ。

循環名	要因	周期
コンドラチェフ	（①　　　　　）	約（②　　　　　）
（③　　　　　）	建設投資	約（④　　　　　）
（⑤　　　　　）	設備投資	約（⑥　　　　　）
（⑦　　　　　）	（⑧　　　　　）	約 3 年

期間と内容をしっかり押さえることで、試験問題にもしっかり対応できるようになります！

正解 ①技術革新　②50年　③クズネッツ　④20年
　　　⑤ジュグラー　⑥10年　⑦キチン　⑧在庫

類題演習・もう1問！

資本主義経済の景気には、いくつかの周期的な波が認められている。それらのうち、ジュグラーの波と呼ばれるものはどれか。

1. 産業技術の革新などで起こる50〜60年周期の景気循環
2. 産業技術の革新などで起こる8〜10年周期の景気循環
3. 設備投資の変動などで起こる3〜4年周期の景気循環
4. 設備投資の変動などで起こる8〜10年周期の景気循環
5. 在庫投資の変動などで起こる3〜4年周期の景気循環

解答・解説

1：×コンドラチェフの記述です
2：×産業技術に関しては50年の周期です
3：×設備投資は10年の周期です
4：○正しい
5：×キチンの記述です

正解 4

税

身近な税金ではありますが、実はかなりの種類があります。ゴロあわせで覚えましょう!

覚えるのはコレ！ 直接税と間接税

・直接税：納税者と税負担者が**同じ**税
・間接税：納税者と税負担者が**異なる**税

お店で商品を買うときに支払う税が「間接税」とイメージしておきましょう。

	直接税	間接税
国税	法人税・所得税 贈与税・相続税	消費税・酒税 たばこ税・関税
地方税	住民税・事業税 固定資産税	入湯税

間接税をしっかり押さえることで試験問題に対応できます。そこで超速!

超速ゴロあわせ! 関節痛は酒とたばこを消費したらアカン

・関節痛：間接税 （は）
・酒　　：酒税 （と）
・たばこ：たばこ税 （を）
・消費　：消費税 （したら）
・アカン：関税

例題 間接税をすべて選べ。

（自動車税・たばこ税・酒税・固定資産税・消費税・所得税・住民税・相続税）

間接税の分類ができると、さまざまな問題に対応が可能になります！

正解 たばこ税・酒税・消費税

類題演習・もう１問！

A～Eの租税を直接税と間接税に分けたとき、間接税の組み合わせとして妥当なものはどれか。

A　事業税	B　消費税	C　酒税
D　固定資産税	E　住民税	

1. A・C　　　　2. A・D　　　　3. B・C
4. B・E　　　　5. D・E

解答・解説

A：×事業税は<u>直接税</u>です

B：○消費税は<u>間接税</u>です

C：○酒税は<u>間接税</u>です

D：×固定資産税は<u>直接税</u>です

E：×住民税は<u>直接税</u>です

したがって<u>B・C</u>が間接税であり、正解は<u>3</u>となります。

正解 <u>3</u>

金融政策

好況時、不況時で実施する政策が変わります。ここはゴロあわせで即１点につなげましょう！

覚えるのはコレ！ 景気による金融政策

日本銀行が通貨量を調整し、景気・物価の安定をはかる政策。

景気	公定歩合	預金準備率	公開市場
好況時	引き上げ	引き上げ	売りオペレーション
不況時	引き下げ	引き下げ	買いオペレーション

> 好況期には、市中への通貨供給量を減らす（抑える）金融政策が行われます。
> 不況期はその逆で、通貨供給量を増やします。超速で覚えましょう！

超速ゴロあわせ！ 故郷の売上上昇

・故郷：好況時 （の） ・売 ：売りオペ
・上 ：公定歩合・引き上げ・上昇：預金準備率・引き上げ
※不況はこの逆となります

例題 下の表の空欄を埋めよ。

景気	公定歩合	預金準備率	公開市場
好況時	引き（①　）	引き上げ	（②　）オペレーション
不況時	引き下げ	引き（③　）	（④　）オペレーション

片方を覚えれば、逆になるだけです。まずは一方を覚えましょう！

正解 ①上げ ②売り ③下げ ④買い

類題演習・もう1問！

中央銀行の金融政策に関する記述について、A～Dに該当する語句の組み合わせとして妥当なものはどれか。

中央銀行が行う金融政策の手段は、主として公定歩合操作、公開市場操作、預金準備率操作の3つである。

具体的には景気過熱時には公定歩合操作として公定歩合を（A）、公開市場操作として（B）を行う、預金準備率操作として預金準備を（C）、のいずれかを行うことによって通貨供給量を（D）、景気の調整や物価の安定をはかる。

1. A：引き上げる　　B：売りオペレーション
   C：引き上げる　　D：抑え
2. A：引き上げる　　B：買いオペレーション
   C：引き上げる　　D：増やし
3. A：引き下げる　　B：買いオペレーション
   C：引き下げる　　D：増やし
4. A：引き下げる　　B：売りオペレーション
   C：引き上げる　　D：抑え

解答・解説

Aは**引き上げる**、Bは**売りオペレーション**、Cは**引き上げる**、Dは**抑え**が入ります。したがって、正解は<u>1</u>です。

正解　1

財政政策

聞き慣れない言葉で難しそうに見えますが、ゴロあわせで超速暗記してしまいましょう！

覚えるのはコレ！ 財政政策に関する大事な2つの用語

①**ビルト・イン・スタビライザー**（財政の自動安定化装置）

　財政制度（<u>累進課税制度</u>・<u>社会保障給付</u>）そのものが景気を<u>自動的</u>に安定化するしくみ。

②**フィスカル・ポリシー**（補整的財政政策）

　政府が<u>意図的</u>に政策を実施し、景気を調整すること。

　【好況】<u>増税</u>、財政支出の<u>縮小</u>　【不況】<u>減税</u>、財政支出の<u>拡大</u>

> 自動的か意図的か、正確に押さえましょう。
> そこで超速！

超速ゴロあわせ！ ビルに地震車・軽い小僧不機嫌

- ・ビル：ビルト・イン・スタビライザー　（に）
- ・地　：自動的　　　　　　　　　・震：累進課税制度
- ・車　：社会保障給付
- ・軽　：フィスカル・ポリシー　　・い：意図的
- ・小　：好況　　　　　　　　　　・僧：増税
- ・不機：不況　　　　　　　　　　・嫌：減税

例題 下の空欄のキーワードを埋めよ。

ビルト・イン・スタビライザー

（①　　　　　　　）的に安定・（②　　　　　　　）制度・社会保障給付

よく対比される内容なので、ここでしっかり押さえましょう！

類題演習・もう1問！

財政の役割に関する記述の A ～ C にあてはまるものの組み合わせとして、妥当なものはどれか。

財政制度は、それ自体が景気変動の調節機能を有している。あらかじめ組み込まれた、景気を自動的に安定させる働きをする装置を（A）と言い、（B）がこれにあたる。
また、（C）とは景気調節のために政府が意図的に実施する政策のことで、租税政策と公共投資がある。

1. A：ビルト・イン・スタビライザー　B：累進課税
   C：フィスカル・ポリシー
2. A：ビルト・イン・スタビライザー　B：累進課税
   C：ポリシーミックス
3. A：フィスカル・ポリシー　　　　　B：社会保障給付
   C：ビルト・イン・スタビライザー
4. A：フィスカル・ポリシー　　　　　B：社会保障給付
   C：ポリシーミックス

解答・解説
景気を自動的に安定させるしくみは**ビルト・イン・スタビライザー**。意図的に行う政策は**フィスカル・ポリシー**です。

正解 1

インフレ・デフレ

なじみの薄い言葉が出てきますが、ゴロあわせで即、暗記が可能です！

覚えるのはコレ！ インフレーションとデフレーション

インフレ	インフレーション	物価が継続的に<u>上昇</u>する現象
	<u>コスト・プッシュ・インフレーション</u>	原材料費や賃金などの費用（コスト）が上昇することによって発生するインフレ
	ディマンド・プル・インフレーション ※ディマンドとは「需要」のこと	総需要が総供給を<u>上回る</u>ことによって発生するインフレ
デフレ	デフレーション	物価が継続的に<u>下落</u>する現象
	デフレ・スパイラル	物価下落による企業業績の悪化から賃金が減少し、消費の減退につながり、さらに物価が下落する<u>悪循環</u>のこと
その他	<u>スタグフレーション</u>	景気が後退しているにもかかわらず<u>物価が上昇</u>していくこと

用語の定義を正確に押さえましょう。
そこで超速！

> **超速ゴロあわせ！** 現地コストは、まんじゅう上昇、
> スタッフ、ケーキに交代、部下アゲアゲ！

- ・現　　　　　：原材料費
- ・地　　　　　：賃金
- ・コスト　　　：コスト・プッシュ　（は）
- ・まん　　　　：ディマンド・プル
- ・じゅう　　　：需要
- ・上昇　　　　：上昇・上回る
- ・スタッフ　　：スタグ
- ・ケーキに交代：景気後退
- ・部下アゲアゲ：物価上昇

例題 用語の説明で正しいものを選べ。

①コスト・プッシュ・インフレーション

　（総需要が総供給を上回る・原材料価格、賃金が上昇）

②スタグフレーション

　（原材料価格、賃金が上昇・景気後退中に物価上昇）

まずは特に比較される2つを押さえると、対応力がアップ！

正解 ①原材料価格、賃金が上昇　②景気後退中に物価上昇

> ゴロあわせを覚えて知識を身につけたら、
> 次ページの類題演習にもチャレンジして
> みましょう。

A～Cの語句の組み合わせとして、妥当なものはどれか。

物価が持続的に上昇することをインフレーションといい、原因別に見ると、総需要の増加に総供給が追いつかないために生じる（A）・インフレーションと、賃金や原材料費などの上昇や硬直化によって生じる（B）・インフレーションに分類される。また、不況下で失業率が高いにもかかわらず物価の上昇が進行することを、（C）という。

1. A：ディマンド・プル　B：コスト・プッシュ
   C：デフレ・スパイラル
2. A：ディマンド・プル　B：コスト・プッシュ
   C：スタグフレーション
3. A：コスト・プッシュ　B：ディマンド・プル
   C：スタグフレーション
4. A：ハイパー　　　　　B：クリーピング
   C：スタグフレーション

解答・解説

Aは**ディマンド・プル**、Bは**コスト・プッシュ**、Cは**スタグフレーション**です。したがって、正解は**2**です。

 正解　2

知識総まとめ

経済編

ここまでのゴロあわせとポイントをまとめました。大事なところをサッと確認できるので、試験直前にも活用しましょう！

経済学者

ゴロあわせ

①けいこゆうこ、アフロ髪

②自由なリカちゃん、カゼ引き悲惨

人物	キーワード
ケインズ	**雇用・利子**および**貨幣**の一般理論／有**効需要**の原理／**完全雇用**の実現
アダム・スミス	国**富論**／**神の見えざる手**
リスト	保護貿易
リカード	経済学および**課税**の原理／**比較生産費説**／**自由**貿易

ケインズ、アダム・スミス、リカードの3人は特によく比較されます！

企業の拡大と結合

ゴロあわせ 加藤漕ぐコツ堂々と言い今日 GO GO か！

名称	キーワード	
カルテル	同種	協定
トラスト	同種	合併
コングロマリット	異種	合併
コンツェルン	異種	株式

景気循環

キチンは3文字なので3年、ジュグラーはジュから10年、
クズネッツの「ツー」の2で20年、
コンドラチェフの「コ」は5で50年！

名称	内容	期間
コンドラチェフ	技術革新	**50**年
クズネッ**ツ**	建設投資	**20**年
ジュグラー	設備投資	**10**年
キチン	在庫	**3**年

このゴロあわせは
リズムよく！
テンポに乗って
覚えましょう。

税

関節痛は酒とたばこを消費したらアカン

	直接税	間接税
国税	法人税・所得税 贈与税・相続税	消費税・酒税 たばこ税・関税

金融政策

故郷の売上上昇

景気	公定歩合	預金準備率	公開市場
好況時	引き**上げ**	引き**上げ**	**売り**オペレーション
不況時	引き**下げ**	引き**下げ**	**買い**オペレーション

※不況は好況の逆、と覚えましょう！

財政政策

ゴロあわせ ビルに地震車・軽い小僧不機嫌

①**ビルト・イン・スタビライザー**（財政の自動安定化装置）

　財政制度（累進課税制度・社会保障給付）そのものが景気を自動的に安定化するしくみ。

②**フィスカル・ポリシー**（補整的財政政策）

　政府が意図的に政策を実施し、景気を調整すること。

　　[好況]→増税、財政支出の縮小

　　[不況]→減税、財政支出の拡大

インフレ・デフレ

ゴロあわせ

現地コストは、まんじゅう上昇、

スタッフ、ケーキに交代、部下アゲアゲ！

名称	内容
コスト・プッシュ・インフレーション	原材料費や賃金などの費用（コスト）が上昇することによって発生するインフレ
ディマンド・プル・インフレーション	総需要が総供給を上回ることによって発生するインフレ
スタグフレーション	景気が後退しているにもかかわらず物価が上昇していくこと

耳慣れない言葉も多いですが、ゴロあわせを使って、用語や内容などをしっかりと覚えておきましょう！

大地形

2種の新期造山帯の分類も、ゴロあわせで即、覚えられます！

覚えるのはコレ！ 大地形の代表例

名称	鉱山資源	代表例
安定陸塊 （あんていりくかい）	鉄鉱石	カナダ楯状地（たてじょうち）・バルト楯状地
古期 造山帯	石炭	アパラチア山脈・グレート・ディヴァイディング山脈・ウラル山脈
新期 造山帯	石油	〈環太平洋造山帯〉 ロッキー山脈（北米）・ アンデス山脈（南米） 〈アルプス・ヒマラヤ造山帯〉 カフカス山脈・アトラス山脈（北米）・ ピレネー山脈（フランス・スペイン）

※新期造山帯は「山脈」を除いた名称が基本的に4文字となっているのがポイントです

新期造山帯の分類は頻出です。
環太平洋造山帯と、アルプス・ヒマラヤ造山帯に
属する山脈を覚えましょう。そこで超速！

超速ゴロあわせ！ かんた！アンラッキー！ある日フカフカのトラがねー

- かんた：環太平洋造山帯
- アン　：アンデス山脈
- ある日：アルプス・ヒマラヤ造山帯
- トラ　：アトラス山脈（が）
- ラッキー：ロッキー山脈
- フカフカ：カフカス山脈（の）
- ねー　：ピレネー山脈

例題 新期造山帯として正しいものをすべて選べ。
（ウラル山脈・ロッキー山脈・アンデス山脈・ピレネー山脈・
アパラチア山脈・カフカス山脈）

新期造山帯を押さえると、不要な選択肢をカットできます！

正解 ロッキー山脈・アンデス山脈・
ピレネー山脈・カフカス山脈

類題演習・もう1問！

A ～ D にあてはまる語句として妥当なものはどれか。

新期造山帯には環太平洋造山帯とアルプス・ヒマラヤ造山
帯がある。環太平洋造山帯には（A）、（B）など、アルプス・
ヒマラヤ造山帯には（C）、（D）などの山脈がある。

1. A：ロッキー山脈　　　　B：アンデス山脈
   C：ピレネー山脈　　　　D：カフカス山脈
2. A：アトラス山脈　　　　B：日本列島
   C：ウラル山脈　　　　　D：アンデス山脈
3. A：日本列島　　　　　　B：カフカス山脈
   C：アパラチア山脈　　　D：ロッキー山脈
4. A：南極大陸　　　　　　B：ピレネー山脈
   C：アトラス山脈　　　　D：アパラチア山脈

解答・解説
新期造山帯は基本的に4文字なので、3文字のウラル、5文
字のアパラチアを含む選択肢は外れます。

正解 1

沖積平野

扇状地と三角州が特に比較されます。ゴロあわせでしっかり覚えましょう！

覚えるのはコレ！ 沖積平野で見られるもの

沖積平野（ちゅうせきへいや）は堆積平野（たいせき）の一部で、おもに扇状地（せんじょうち）・氾濫原（はんらんげん）・三角州に分かれています。試験では特に扇状地の土地利用が出題されます。

扇状地
・扇頂：集落
・扇央：果樹園・桑畑
・扇端：水田

扇状地・氾濫原・三角州の土地利用は
地方公務員試験で頻出です！ そこで超速！

超速ゴロあわせ！ 長州の応援バタバタダンス

- 長 ：扇頂
- 州：集落 （の）
- 応 ：扇央
- 援：果樹園
- バタバタ：桑畑
- ダン ：扇端
- ス：水田

例題 沖積平野の土地利用として、正しいものを選べ。
扇央（果樹園・水田・集落）

地形はどの公務員試験でも超頻出。その中でも沖積平野はよく出題されますので、しっかり押さえましょう！

正解 果樹園

地　理

類題演習・もう1問！

次の記述のうち、もっとも妥当なものはどれか。

1. 扇状地の扇頂は水が得やすく、おもに果樹園や桑畑などに利用される。
2. 扇状地の扇央は水が得にくく、おもに集落や水田などに利用される。
3. 扇状地の扇端は水が得やすく、おもに畑作を中心とした農業に利用される。
4. 扇状地の扇央は水が得にくく、おもに果樹園や桑畑に利用される。

解答・解説

1：×扇頂は水が**得やすく**、おもに**集落**に利用されます
2：×扇央は水が**得にくく**、おもに**果樹園**に利用されます
3：×扇端は水が**得やすく**、おもに**水田**に利用されます
4：○正しい

正解 4

地理の分野も範囲が広いですが、ゴロあわせを覚えながら、確実に知識を身につけていきましょう。

沈水海岸

フィヨルドとリアス式海岸がよく比較されます。ゴロあわせで覚えましょう！

覚えるのはコレ！ 沈水海岸の代表例

フィヨルド	氷河により侵食された**U字谷**に海水が侵入した地形 例：ノルウェー沿岸部、チリ南部
リアス式海岸	河川により侵食された**V字谷**に海水が侵入した地形 例：スペイン北西部、日本の三陸海岸
エスチュアリー	河口付近の土地が沈降して**ラッパ状**の入り江となった地形 例：ラプラタ川（アルゼンチン）、 　　　セントローレンス川（北米）

U字谷とV字谷の引っかけ問題が多数出題されますので、注意が必要です。そこで超速！

超速ゴロあわせ！ 夜から YOU と明日までブイブイ、ラッパーとチューあり

・夜　：フィヨルド（から）　　・YOU　：U字谷（と）
・明日：リアス式海岸（まで）　・ブイブイ：V字谷
・ラッパー　：ラッパ状の入り江（と）
・チューあり：エスチュアリー

例題 沈水海岸の特徴として、正しいものを選べ。

①フィヨルド（U字谷・V字谷・ラッパ状の入り江）

②リアス式海岸（ラッパ状の入り江・V字谷・U字谷）

③エスチュアリー（ラッパ状の入り江・U字谷・V字谷）

U字谷とV字谷を押さえるだけで、多くの問題に対応が可能になります！

正解 ①U字谷　②V字谷　③ラッパ状の入り江

類題演習・もう1問！

ア～ウの組み合わせで正しいものはどれか。

（ア）氷河によって侵食されたU字谷に海水が侵入した地形

（イ）河川によって侵食されたV字谷に海水が侵入した地形

（ウ）河口付近の土地が沈降してラッパ状の入り江となった地形

	ア	イ	ウ
1	フィヨルド	エスチュアリー	リアス式海岸
2	フィヨルド	リアス式海岸	エスチュアリー
3	リアス式海岸	フィヨルド	エスチュアリー
4	エスチュアリー	リアス式海岸	フィヨルド
5	エスチュアリー	フィヨルド	リアス式海岸

解答・解説

フィヨルドはU字谷、リアス式海岸はV字谷。この2つがわかれば、エスチュアリーは自動的に答えが出ます。

正解 2

気候

たくさんの用語があるので、よく比較される3つをゴロあわせで
覚えておきましょう！

覚えるのはコレ！ **気候の分類**

植生や気温・降水量を基に、おもに**熱帯・乾燥帯・温帯・冷帯・**
寒帯の5つに分類され、特に下記の3点が比較されます。

比較①	サバナ気候 長草草原	ステップ気候 短草草原
比較②	温暖湿潤気候 夏湿潤・冬乾燥	地中海性気候 夏乾燥・冬湿潤
比較③	ツンドラ気候 氷が溶ける	氷雪気候 氷が溶けない

気候は国家公務員・地方公務員の両方の試験で
よく出題があります。超速で覚えましょう！

超速ゴロあわせ！ ①**長いサバ、捨てたん？**
②**暖かい夏の湿気でも、ちなつ乾燥肌**
③**ツンと蹴る、せつない**

・長い	：長草	・サバ	：サバナ
・捨て	：ステップ	・たん	：短草
・暖かい夏の湿気：温暖湿潤気候、夏、湿潤 （でも）			
・ちなつ乾燥肌	：地中海性気候、夏、乾燥		
・ツン	：ツンドラ	・と蹴る	：氷が溶ける
・せつ	：氷雪気候	・ない	：氷が溶けない

例 題 次の特徴と一致する気候を選べ。

①長草草原（地中海性気候・サバナ気候・ステップ気候）

②夏乾燥・冬湿潤（温暖湿潤気候・地中海性気候・西岸海洋性気候）

③氷が溶ける寒帯（ツンドラ気候・氷雪気候・ステップ気候）

特に比較される気候をしっかり押さえておくと、余計な選択肢を
かなり排除することができます！

正解 ①サバナ気候　②地中海性気候　③ツンドラ気候

類 題 演 習 ・ も う 1 問 ！

気候に関する記述として、もっとも妥当なものはどれか。

1. サバナ気候は、丈の長い草原の中に木がまばらに生えて
   いる。

2. 地中海性気候は、夏は高温で湿潤であり、冬は乾燥する
   気候である。

3. 温暖湿潤気候は、夏は高温で乾燥し、冬は温暖で乾燥し、
   四季の変化は見られない。

4. ツンドラ気候は、一年中氷点下であり、氷が溶けない。

解答・解説

1：○正しい

2：×地中海性気候は夏に乾燥し、冬に湿潤します

3：×温暖湿潤気候は夏に湿潤し、冬に乾燥します

4：×ツンドラ気候は夏に気温が 0℃以上となり、氷が溶け
   ます

正解 1

土壌

実は土にも名前があり、それぞれに適した農作物があります。そこをゴロあわせで押さえれば、即1点!

覚えるのはコレ! 成帯土壌と間帯土壌

成帯土壌：気候や植生の影響を受けた土壌。

名称	特徴
ラトソル	熱帯に分布する赤色の土壌。栄養分に乏しく、農業に適さない
ポドゾル	冷帯に分布する灰白色の土壌。栄養分に乏しく、農業に適さない
<u>チェルノーゼム</u>	<u>ウクライナ</u>からシベリア南部にかけて分布。<u>小麦</u>栽培に利用される

間帯土壌：岩石や地形、地下水の影響を受けた土壌。

名称	特徴
<u>テラローシャ</u>	おもに玄武岩が風化して生成された土壌。<u>ブラジル高原南部</u>に分布し、<u>コーヒー豆</u>栽培に利用される
<u>レグール</u>	玄武岩が風化して生成された土壌。<u>インド</u>の<u>デカン高原</u>に分布し、綿花栽培に利用される

> 土壌・場所・農作物の3点セットで試験に対応できます。
> 覚えるだけなので確実に押さえましょう。そこで超速!

①暗い子はNO！　②ブラックコーヒー社
③インドのデカグルメ

・暗い　　：ウクライナ　　　・子　　　：小麦　（は）
・NO　　：チェルノーゼム
・ブラック：ブラジル高原　　・コーヒー：コーヒー豆
・社　　　：テラローシャ
・インド　：インド（の）　　・デカ　　：デカン高原
・グル　　：レグール　　　　・メ　　　：綿花

例題　土壌と農作物の組み合わせとして、正しいものを選べ。
①レグール（小麦・茶・綿花）
②テラローシャ（果樹・コーヒー豆・小麦）
③チェルノーゼム（小麦・綿花・米）

土壌名と農作物を覚えれば、一気に対応可能です！

正解　①<u>綿花</u>　②<u>コーヒー豆</u>　③<u>小麦</u>

類題演習・もう1問！

土壌と場所の組み合わせとして妥当なものはどれか。

1. テラローシャ　　―　　ブラジル高原
2. レグール　　　　―　　ウクライナ
3. チェルノーゼム　―　　デカン高原
4. ラトソル　　　　―　　冷帯全域

解答・解説

2と3は土壌が逆。4は熱帯全域の土壌です。

正解　<u>1</u>

地図

特に比較される2つの図法は、ゴロあわせを使って超速で覚えましょう！

覚えるのはコレ！ メルカトル図法と正距方位図法

〈メルカトル図法〉

・航海図に利用される（等角航路）

・経線と緯線が直角に交わる

・角度が正しく表される

・高緯度地域ほど距離や面積が拡大する

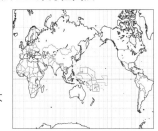

〈正距方位図法〉

・図の中心から任意の点までの距離と方位が正しい

・航空図に利用される（大圏航路）

・大圏航路は最短距離であり直線となる

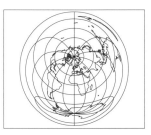

メルカトル図法と正距方位図法のポイントを正確に押さえましょう。そこで超速！

超速ゴロあわせ！ メール改革、今日中に来ず

・メール：メルカトル図法

・革　　：角度

・中に　：中心から任意の点

・改　　：航海図

・今日　：正距方位図法

・来ず　：航空図

例 題 地図の特徴として、正しいものを選べ。
①メルカトル図法（航海図・航空図）
②正距方位図法の正しい距離（中心から任意の点・任意の2点）

近年よく出題があります。まずは特徴と利用法を覚えましょう！

正解 ①航海図 ②中心から任意の点

類題演習・もう1問！

A～Dの組み合わせとして、もっとも妥当なものはどれか。

メルカトル図法による世界地図は、経線と緯線が直交しているため、経線と任意の直線が作る角度が正確に表されることから（A）に利用されるが、（B）になるほど距離や面積が拡大する。また、正距方位図法は、（C）の距離と方位を正しく読み取ることができるため、（D）に利用される。

1. A：航空図 　　　　　　　B：低緯度
   C：図中の任意の2地点 　D：航海図
2. A：航空図 　　　　　　　B：高緯度
   C：図の中心点と任意の地点 　D：航海図
3. A：航海図 　　　　　　　B：低緯度
   C：図中の任意の2地点 　D：航空図
4. A：航海図 　　　　　　　B：高緯度
   C：図の中心点と任意の地点 　D：航空図

解答・解説

メルカトル図法は高緯度が拡大されます。

正解 4

アメリカの農業

各国の農業の中でも、アメリカの農業は頻出です。しっかり覚えておきましょう！

覚えるのはコレ！ アメリカ合衆国の農業の特徴

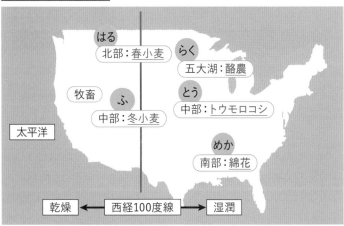

はる
北部：春小麦

らく
五大湖：酪農

牧畜

ふ
中部：冬小麦

とう
中部：トウモロコシ

太平洋

めか
南部：綿花

乾燥 ← 西経100度線 → 湿潤

※太平洋側の西部は乾燥しており、おもに牧畜が行われています

アメリカの農業は場所と農産物を一致させましょう！　そこで超速！

超速ゴロあわせ！ **春の楽な豆腐メカ** ※地図の上から順に

- 春　：春小麦　（の）
- 豆　：トウモロコシ
- メカ：綿花
- 楽な：酪農
- 腐　：冬小麦

例題 下の①〜⑤に入る農産物などを答えよ。

北部：①
五大湖：③
牧畜
中部：②
中部：④
南部：⑤
太平洋

裁判所の試験や地方の公務員試験でよく出題がある分野です。しっかり押さえて1点につなげましょう！

正解 ①春小麦 ②冬小麦 ③酪農 ④トウモロコシ ⑤綿花

類題演習・もう1問！

A〜Dに入る語句の組み合わせとして妥当なものはどれか。

アメリカ合衆国の農牧業の特徴の一つは、適地適作である。おもに酪農が行われているのは（A）、綿花栽培は（B）で行われており、春小麦は（C）で、冬小麦は（D）で栽培されている。

	A	B	C	D
1	北部	南部	北部	中部
2	南部	北部	南部	北部
3	北部	南部	南部	南部
4	南部	北部	北部	中部

解答・解説

気候的に、北部は酪農や春小麦栽培、中部は冬小麦やトウモロコシ栽培、南部は綿花栽培が適しています。

正解 1

経済特区

都市名が覚えにくいですが、ゴロあわせで押さえれば一発です！

覚えるのはコレ！ **中国の経済特区**

経済特区とは、外国の資本や技術を導入することを目的に設けられた特別な区域のことです。

①**シェンチェン**（深圳）
②**アモイ**（厦門）
③**スワトウ**（汕頭）
④**チューハイ**（珠海）
⑤**ハイナン島**（海南島）

> 中国の経済特区は5つの地名を押さえましょう。そこで超速！

超速ゴロあわせ！ **しんちゃん何と！　明日はチューハイ**

・しんちゃん：シェンチェン
・何と　　　：ハイナン島
・明　　　　：アモイ
・日は　　　：スワトウ
・チューハイ：チューハイ

例 題 中国の経済特区を5つ答えよ。

(・ ・ ・ ・)

5つの特区を覚えるだけで、本試験に対応可能です！

正解 シェンチェン・アモイ・スワトウ・
チューハイ・ハイナン島

類題演習・もう1問！

次のうち、中国の経済特区ではないものはどれか。

1. アモイ
2. シェンチェン
3. スワトウ
4. シャンハイ
5. チューハイ

解答・解説

選択肢のうち、**シャンハイ**は経済特区ではありません。したがって、**4**が正解です。

正解 <u>4</u>

用語や単語をそのまま覚えようとすると、なかなか覚えられません。まずはゴロあわせをしっかりと覚えて、そのうえで問題を解き、知識を定着させていきましょう！

東南アジア

地誌の中でも、特に東南アジアは頻出。ゴロあわせで確実に覚えましょう！

覚えるのはコレ！ 東南アジアの国のキーワードなど

国名	旧宗主国	宗教	キーワード
ベトナム	フランス	仏教	ドイモイ政策：資本主義経済を導入
タイ	―	仏教	東南アジア唯一の緩衝国（かんしょうこく）
シンガポール	イギリス	多宗教	中継貿易・加工貿易で繁栄
マレーシア	イギリス	イスラム教	多民族国家・ブミプトラ政策：マレー人優遇政策
インドネシア	オランダ	イスラム教	世界4位の人口
フィリピン	スペイン	キリスト教	公用語はフィリピノ語・英語

「ベトナム」が「ドイモイ政策」、
「マレーシア」が「ブミプトラ政策」。
この引っかけが多数出題されます。そこで超速！

超速ゴロあわせ！ マネーの虎、エモいベッドで新中華、体感！

- マネー：マレーシア （の）
- エモい：ドイモイ政策
- 新　　：シンガポール
- 体　　：タイ
- 虎　　：ブミプトラ政策
- ベッド：ベトナム （で）
- 中華　：中継貿易・加工貿易
- 感　　：緩衝国

例題 東南アジア各国の特徴として、正しいものを選べ。

①ベトナム（ブミプトラ政策・ドイモイ政策）

②マレーシア（緩衝国・ブミプトラ政策・中継貿易）

東南アジアは絶対に押さえるべき分野です。まずは国名と政策から確認していきましょう！

正解 ①**ドイモイ政策** ②**ブミプトラ政策**

類題演習・もう１問！

東南アジアに関する記述として妥当なものはどれか。

1. マレーシアは多民族国家であり、おもに中国系の華僑やマレー人で構成され、マレー人が優遇されるドイモイ政策を行っている。

2. シンガポールはもともとマレーシアの一部であり、分離独立した。そのため人口の約７割が華僑である。立地に恵まれ、中継貿易や加工貿易で繁栄している。

3. タイの旧宗主国はスペインであり、アメリカ領を経て1946年に独立している。

4. ベトナムは社会主義国であったが、ブミプトラ政策を実施し、社会主義を脱却する動きが見られる。

解答・解説

1のドイモイ政策は**ベトナム**の政策で、3は**フィリピン**の記述です。4のブミプトラ政策は**マレーシア**の政策です。

正解 2

ASEAN 原加盟国

ASEAN（東南アジア諸国連合）の原加盟国は、ゴロあわせさえ
あれば簡単に覚えられます！

覚えるのはコレ！ 5 つの ASEAN 原加盟国

ASEAN とは、東南アジア地域の国々が加盟する地域共同体です。
原加盟国（発足当初から加盟している国）である 5 か国を押さ
えましょう。

①**タイ**
②**マレーシア**
③**シンガポール**
④**インドネシア**
⑤**フィリピン**

> 現在のASEANは10か国ですが、原加盟国の
> 5か国を押さえておきましょう。そこで超速！

超速ゴロあわせ！ 魂ピンピン！

- ・た　：タイ
- ・ま　：マレーシア
- ・し　：シンガポール
- ・い　：インドネシア
- ・ピン：フィリピン　（ピン）

例 題　ASEAN 原加盟国 5 か国を答えよ。

（　　　　　・　　　　　・　　　　　・　　　　　・　　　　　）

ASEAN 原加盟国は警察・消防の試験でよく出題があります。受験される方は特に、押さえておきましょう！

正解　タイ・マレーシア・シンガポール・
インドネシア・フィリピン

③
地理

類題演習・もう 1 問！

次のうち、ASEAN の原加盟国ではないものはどれか。

1. タイ
2. マレーシア
3. シンガポール
4. フィリピン
5. ベトナム

解答・解説

ASEAN の原加盟国は、**タイ・マレーシア・シンガポール・インドネシア・フィリピン**の 5 か国。**ベトナム**が加盟したのは設立から 30 年近くあとの 90 年代です。

正解　5

2023年2月現在で、ASEANには10か国が加盟しています。直近の加盟国はカンボジアで、1999年に加盟しました。

日本の海流

日本の地理では海流がよく出題されます。ゴロあわせでしっかり覚えましょう!

覚えるのはコレ! **日本の4つの海流**

日本海側・太平洋側に2つずつ存在する海流が試験に出ます。

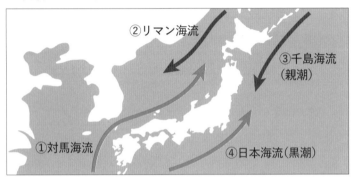

日本海側：①**対馬**海流（暖流）・②**リマン**海流（寒流）

太平洋側：③**千島**海流（**親潮**・寒流）・④**日本**海流（**黒潮**・暖流）

①～④の海流はひらがなの「つ」を描くように覚えましょう。そこで超速!

超速ゴロあわせ! **釣り千億本**

・釣：対馬海流　　・り：リマン海流

・千：千島海流　　・お：親潮

・く：黒潮　　　　・本：日本海流

※地図上で対馬海流から「つ」を描きながら考えます!

例題 日本の海流として、正しいものを選べ。

①親潮（千島海流・リマン海流・日本海流）

②黒潮（対馬海流・千島海流・日本海流）

日本地理の出題はほとんどありませんが、海流は別です！　まずは黒潮・親潮を押さえましょう。

正解 ①千島海流　②日本海流

類題演習・もう１問！

日本近海の海流A～Dの組み合わせで、妥当なものはどれか。

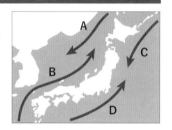

1. A：対馬海流　　B：リマン海流
   C：千島海流　　D：日本海流

2. A：リマン海流　B：対馬海流
   C：千島海流　　D：日本海流

3. A：対馬海流　　B：日本海流
   C：リマン海流　D：千島海流

4. A：リマン海流　B：対馬海流
   C：日本海流　　D：千島海流

解答・解説

Aはリマン海流、Bは対馬海流、Cは千島海流、Dは日本海流です。

正解 2

地理編

ここまでのゴロあわせとポイントをまとめました。大事なところを
サッと確認できるので、試験直前にも活用しましょう！

大地形

ゴロあわせ かんた！　アンラッキー！　ある日フカフカのトラがねー

新期造山帯	〈**環太**平洋造山帯〉 　**ロッキー**山脈（北米）／**アンデス**山脈（南米） 〈**アルプス・ヒ**マラヤ造山帯〉 　**カフカス**山脈／**アトラス**山脈（北米）／ 　**ピレネー**山脈（フランス・スペイン）

> 新期造山帯の山脈名は4文字なのが
> ポイントです。

沖積平野

ゴロあわせ

長州の応援バタバタダンス

扇状地
・扇**頂**：集落
・扇**央**：果樹園・桑畑
・扇端：水田

沈水海岸

ゴロあわせ 夜から YOU と明日までブイブイ、ラッパーとチューあり

フィヨルド	氷河により侵食された U 字谷に海水が侵入した地形
リアス式海岸	河川により侵食された V 字谷に海水が侵入した地形
エスチュアリー	河口付近の土地が沈降してラッパ状の入り江となった地形

混在しがちなフィヨルド、リアス式海岸、エスチュアリーを、ゴロあわせでまとめて覚えてしまいましょう！

気候

ゴロあわせ

①長いサバ、捨てたん？

②暖かい夏の湿気でも、ちなつ乾燥肌

③ツンと蹴る、せつない

比較①	**サ**バナ気候：**長**草草原	**ステ**ップ気候：**短**草草原
比較②	**温**暖湿潤気候： 　**夏湿**潤・**冬乾**燥	**地**中海性気候： 　**夏乾**燥・**冬湿**潤
比較③	**ツン**ドラ気候：氷が**溶ける**	氷**雪**気候：氷が溶け**ない**

特によく比較されるこの6つの気候は押さえておきましょう！

土壌

①暗い子は NO ！

②ブラックコーヒー社

③インドのデカグルメ

名称	特徴
チェルノーゼム	**ウクライナ**からシベリア南部にかけて分布。**小麦**栽培に利用される
テラローシャ	**ブラ**ジル高原南部に分布し、**コーヒー**豆栽培に利用される
レグール	**インド**の**デカン**高原に分布し、綿花栽培に利用される

地図

メール改革、今日中に来ず

〈**メルカトル**図法〉

・航海図に利用される（等角航路）

・**角**度が正しく表される

〈正距方位図法〉

・図の**中**心から**任**意の点までの距離と方位が正しい

・**航**空図に利用される（大圏航路）

アメリカの農業

春の**楽**な**豆腐メカ**

アメリカの農業は、北部から順に**春**小麦・**酪**農・**トウ**モロコシ・**冬**小麦・綿花

※ 162 ページの図も要チェック

経済特区

ゴロあわせ しんちゃん何と！ 明日はチューハイ

①シェンチェン ②ハイナン島 ③アモイ
④スワトウ ⑤チューハイ

東南アジア

ゴロあわせ マネーの虎、エモいベッドで新中華、体感！

国名	キーワード
マレーシア	ブミプトラ政策
ベトナム	ドイモイ政策
シンガポール	中継貿易・加工貿易で繁栄
タイ	東南アジア唯一の緩衝国

ASEAN 原加盟国

ゴロあわせ 魂ピンピン！

①タイ ②マレーシア ③シンガポール
④インドネシア ⑤フィリピン

日本の海流

ゴロあわせ 釣り千億本

・日本海側：対馬海流（暖流）／リマン海流（寒流）
・太平洋側：千島海流（親潮・寒流）／日本海流（黒潮・暖流）

直前期の復習などにも活用して、試験本番でも
確実に解答できるようになりましょう！

ギリシャ思想

思想の中でも頻出分野であるギリシャ思想は、ゴロあわせですぐ覚えられます！

覚えるのはコレ！ ギリシャ思想とキーワード

人物	キーワード
タレス	万物の根源：水
ソクラテス	無知の知
プロタゴラス	人間は万物の尺度である
アリストテレス	人間はポリス的動物である

> 「万物の根源」の引っかけ問題がよく出るので、しっかり押さえましょう。そこで超速！

超速ゴロあわせ！ ①水垂れたら、即ムチムチ
②プロの晩酌アポ

・水 　：万物の根源は水 　　　・垂れ 　：タレス　（たら）
・即 　：ソクラテス 　　　　　・ムチムチ：無知の知
・プロ：プロタゴラス　（の） ・晩酌 　：万物の尺度
・ア 　：アリストテレス 　　　・ポ 　　：ポリス的動物

例題 空欄に入る言葉として、正しいものを答えよ。
①タレス「万物の根源は（　　　　　　　　）である」
②無知の知を説いた人物は（　　　　　　　）である
③プロタゴラス「人間は（　　　　　　　）の（　　　　　　　）である」

すべての公務員試験でよく出題されるギリシャ思想！　人物名と
キーワードを結びつけられれば、即1点です。

正解 ①<u>水</u>　②<u>ソクラテス</u>　③<u>万物・尺度</u>

類題演習・もう1問！

古代の西洋思想に関するA～Dの記述のうち、妥当なもの
のみをすべて挙げているものはどれか。

A　自然哲学の祖であるタレスは、生成変化する自然の観察
　　に基づき、人間は火の利用で文化的発展を遂げたとして、
　　燃えさかる火が万物の根源であると唱えた。

B　プロタゴラスは「人間は万物の尺度である」と唱えたが、
　　これは人間の思惑を超えた客観的・普遍的な真理は存在し
　　ないという立場である。

C　エピクロスは、無知を自覚しながら人間としての生き方
　　を探究し、対話を通じて人々に無知を自覚させる方法とし
　　て問答法（助産術）を用いた。

D　アリストテレスは「人間は本性上、ポリス的動物である」
　　と主張し、習性的（倫理的）徳のなかでも正義と友愛（フィ
　　リア）を重視した。

1. A・B　　2. A・C　　3. B・C
4. B・D　　5. C・D

解答・解説

Aのタレスが主張したのは「万物の根源は<u>水</u>」です。また、
Cの「無知の知」を説いたのは<u>ソクラテス</u>になります。

正解 <u>4</u>

経験論・合理論

なじみのない言葉が出てきますが、ここはゴロあわせを使って超速で暗記してしまいましょう！

覚えるのはコレ！ 経験論を説いたおもな人物とキーワード

人物	キーワード
ベーコン	4つのイドラ・経験論
ロック	白紙（タブラ・ラサ）
デカルト	「われ思う故にわれあり」

「経験論」は「合理論」と間違いやすい部分です。確実に覚えましょう。そこで超速！

超速ゴロあわせ！ 4つの結婚白紙はショックでかいわ！

・4つの ：4つのイドラ
・結　　 ：経験論　　　　・婚　　　：ベーコン
・白紙　 ：白紙（は）　　・ショック：ロック
・でか　 ：デカルト（い）・わ　　　：われ思う故にわれあり

例題 人物と関係が深いものをすべて選べ。
①ベーコン（経験論・白紙・合理論）
②ロック（白紙・社会契約論・一般意思）
③デカルト（「神は死んだ」・「われ思う故にわれあり」）

経験論と合理論のポイントを押さえておくことで、ほかのさまざまな問題の選択肢も、取捨選択できるようになります！

類題演習・もう1問!

A~Cに入る言葉の組み合わせで正しいものはどれか。

（A）は「すべての人は自らの身に備えた感覚器官による知覚を通して、対象の存在や心の状態を認識できる」とする。（A）を初めて方法論的に準備したのは、フランシス・ベーコンであるが、真に意識的に（A）の基礎を構築したのは、（B）である。（B）によると、「心は文字を欠いた白紙であり、観念は少しも存在しない。経験から一切の知識は究極的に由来する」とされる。彼の『人間悟性論』で展開された（A）は人間の知識の再吟味をめざす。これに対して（C）は合理論の立場に立ち、「われ思う故にわれあり」を哲学の第一原理と考えた。

1. A：観念論　　B：カント　　　C：フロイト
2. A：合理論　　B：デカルト　　C：ニーチェ
3. A：観念論　　B：ヘーゲル　　C：デカルト
4. A：経験論　　B：ロック　　　C：デカルト
5. A：経験論　　B：ヒューム　　C：デカルト

解答・解説

Bのキーワードは「白紙」で、カッコ内には**ロック**が入ります。Cのキーワードは「われ思う故にわれあり」で、カッコ内には**デカルト**が入ります。

正解 4

4

思想

実存主義

重要人物5人のキーワードは、ゴロあわせを使って即暗記しましょう！

覚えるのはコレ！ 実存主義を説いた人物とキーワード

人物	キーワード
ヤスパース	理想と実存
サルトル	存在と無
ハイデッガー（ハイデガー）	存在と時間
ニーチェ	神は死んだ・ニヒリズム
キルケゴール	死に至る病

試験の選択肢は5択で、人物は5人。そのせいで引っかけ問題が多くなっています。そこで超速！

超速ゴロあわせ！ **やっぱり、サルは無理！　ハイジか神に聞いたる！**

- ・やっぱ：ヤスパース
- ・サル　：サルトル（は）
- ・ハイ　：ハイデッガー
- ・神　　：神は死んだ
- ・聞　　：キルケゴール
- ・り　　：理想と実存
- ・無理　：存在と無
- ・ジか　：存在と時間
- ・に　　：ニーチェ・ニヒリズム
- ・いたる：死に至る病

例題 人物と関係が深いものを選べ。

①ヤスパース（存在と時間・存在と無・理想と実存）

②ハイデッガー（死に至る病・存在と無・存在と時間）

③ニーチェ（理想と実存・死に至る病・ニヒリズム）

まずは、5人のうち特に重要な3人をしっかり押さえましょう！

正解 ①理想と実存　②存在と時間　③ニヒリズム

類題演習・もう1問！

実存主義に関する記述のうち、妥当なものはどれか。

1. キルケゴールは『死に至る病』などを著し、宗教実存主義を究極の自己のあり方とした。

2. ニーチェは人間を現存在と名づけ、自己の死から目を背けないとき、現存在は死への存在として置き換えようのない実存と自覚されると著書『存在と時間』で説いた。

3. ヤスパースは実存主義は何かにおいて、物事ではその本質が存在に先行しているが、人間においては「実存が本質に先立つ」と述べた。

4. ハイデッガーは著書『力への意思』で、「神は死んだ」という事実を認め、生き生きとして人生を送らなければならないとし、新しい価値を創造する存在を超人と呼んだ。

5. サルトルは、人間は不安と絶望の中で挫折感を味わうが、そのとき自己の有限性を知らせ、自己と世界のすべてをささえ包みこむ包括者と出会うことによって人間は実存に達すると、著書『理想と実存』などで述べた。

解答・解説

『存在と時間』は**ハイデッガー**、ヤスパースは「**理想と実存**」、「神は死んだ」は**ニーチェ**、サルトルは「**存在と無**」がキーワードです。

正解 1

思
想

中国思想

中国思想の中でも、諸子百家は頻出です。ゴロあわせでしっかり暗記しましょう！

覚えるのはコレ！ 中国思想のおもな人物とキーワード

人物	キーワード
孔子（こうし）	仁・礼、徳治主義
韓非子（かんぴし）	法治主義
墨子（ぼくし）	兼愛、非攻

人物	キーワード
荀子（じゅんし）	性悪説、礼を重んじる
孟子（もうし）	性善説、王道政治

同じような名前が並ぶのでかなり複雑……ここで超速！

超速ゴロあわせ！ こじれて悪順だ！ 漢方飲もうぜ、僕いもけんぴ

- こ ：孔子
- 悪 ：性悪説
- 漢 ：韓非子
- もう：孟子
- 僕 ：墨子 （いも）
- じれ：仁・礼 （て）
- 順 ：荀子 （だ）
- 方 ：法治主義 （飲）
- ぜ ：性善説
- けん：兼　・ぴ：非攻

例題 ①・②に入る言葉として、正しいものを選べ。

人物	キーワード
荀子	（①　　　　　　）、礼を重んじる
孟子	（②　　　　　　）、王道政治

中国思想は近年出題の多い分野です。トレンドなので、確実に押さえましょう！

正解 ①性悪説　②性善説

類題演習・もう1問！

中国の思想家に関する記述のうち、正しいものはどれか。

1. 孟子の思想の中核をなすものに仁と礼があるが、孟子は性悪説の立場から特に礼を重視し、礼治の思想を展開した。

2. 韓非子は自己と他人とを区別せず平等に愛するという兼愛の思想を展開し、王道政治を主張した。

3. 荀子は人間の本来の性質は悪であり、善とされるものは偽であるとし、性悪説を説いた。

4. 墨子は人間の心には本来善への可能性が内在するとし、その兆しを四端の情として捉え、性善説を説いた。

解答・解説

1：×孟子ではなく**荀子**の記述です
2：×韓非子は**法治主義**を主張しました
3：○正しい
4：×墨子ではなく**孟子**の記述です

正解　3

近代西洋思想

人物とキーワードの組み合わせは、ゴロあわせで一撃です！

覚えるのはコレ！ 近代西洋思想のおもな人物とキーワード

人物	キーワード
マキャベリ	君主論
パスカル	パンセ
エラスムス	愚神礼讃（ぐ しんらいさん）
トマス＝モア	ユートピア
モンテーニュ	エセー（随想録 ずいそうろく）

人物とキーワードを結びつけられれば1点となります。
ここは確実に押さえましょう！　そこで超速！

超速ゴロあわせ！ **マー君パパ、えぐいユーモア、もーえーわ！**

- ・マー：マキャベリ
- ・パ ：パスカル
- ・え ：エラスムス
- ・ユー：ユートピア
- ・モー：モンテーニュ
- ・君 ：君主論
- ・パ ：パンセ
- ・ぐ ：愚神礼讃 （い）
- ・モア：モア
- ・えー：エセー（随想録） （わ）

例題 人物と関係が深いものをすべて選べ。

①マキャベリ（パンセ・エセー・君主論）

②エラスムス（愚神礼讃・君主論・ユートピア）

③モンテーニュ（エセー・パンセ・君主論）

地方公務員の試験でよく出題のある分野です。受験する方は特にしっかり押さえましょう！

正解 ①**君主論**　②**愚神礼讃**　③**エセー**

類題演習・もう1問！

ルネサンスの思想家についてもっとも妥当な記述はどれか。

1. モアは著書『パンセ』で政治と宗教・道徳の融合を説き、国家統治には君主が獅子の力と狐の賢明さを兼備する必要があると主張した。

2. ルターは著書『愚神礼讃』で教会の腐敗を風刺し、『新約聖書』をドイツ語に翻訳して、宗教改革の先駆者となった。

3. マキャベリは土地の公有化の政策を批判し、著書『ユートピア』で私有財産を認める理想国家を説いた。

4. モンテーニュは宗教戦争を経験し、著書『エセー（随想録）』で懐疑的なものの見方の重要性を説いた。

解答・解説

1：×モアの著書は『**ユートピア**』です

2：×『愚神礼讃』の著者は**エラスムス**です

3：×マキャベリの著書は『**君主論**』です

4：○正しい

正解 **4**

近代日本思想

日本の思想でよく出題される5人の人物。手が回らないところは
ゴロあわせで覚えましょう！

覚えるのはコレ！ 近代日本思想のおもな人物とキーワード

人物	キーワード
福沢諭吉	天賦人権説
内村鑑三	二つのJ
中江兆民	東洋のルソー
西田幾多郎	純粋経験
柳田國男	民俗学

人物とキーワードを確実に押さえ、1点に
つなげましょう。そこで超速！

超速ゴロあわせ！ 副店長！　うちの2つの納豆にジュース
いやだって皆！

・副　：福沢諭吉　　　　　・店長　：天賦人権説
・うち：内村鑑三　（の）　・2つの　：二つのJ
・納　：中江兆民　　　　　・豆　　：東洋のルソー
・に　：西田幾多郎　　　　・ジュース：純粋経験　（い）
・やだ：柳田國男　（って）・皆　　：民俗学

例 題　人物と関係が深いものをすべて選べ。
①福沢諭吉（天賦人権説・東洋のルソー・民俗学）
②中江兆民（純粋経験・東洋のルソー・天賦人権説）
③内村鑑三（民俗学・東洋のルソー・二つのJ）

警視庁の試験でほぼ毎年出題のある分野です。特に警察志望の人は、人物名とキーワードを結びつけられるようにしましょう！

正解　①天賦人権説　②東洋のルソー　③二つのJ

類題演習・もう1問！

次の記述に関する人物として、妥当なものはどれか。

高崎藩（群馬県）の武士の家に生まれた。札幌農学校でキリスト教と出合い、後にイエス（Jesus）と日本（Japan）の「二つのJ」のために生涯を捧げる決意をした。そして、「武士道に接ぎ木されたるキリスト教」を理想とした。教会や儀式にとらわれることを排し、直接、聖書の言葉によることを重んじて無教会主義の立場をとった。おもな著書として『代表的日本人』がある。

1．福沢諭吉　　2．内村鑑三　　3．中江兆民
4．西田幾多郎　　5．柳田國男

解答・解説
「二つのJ」をキーワードとするのは内村鑑三です。

正解　2

思想編

ここまでのゴロあわせとポイントをまとめました。大事なところを
サッと確認できるので、試験直前にも活用しましょう！

ギリシャ思想

ゴロあわせ

①水垂れたら、即ムチムチ ②プロの晩酌アポ

人物	キーワード
タレス	万物の根源：<u>水</u>
ソクラテス	<u>無知の知</u>
プロタゴラス	人間は万物の<u>尺</u>度である
アリストテレス	人間は<u>ポ</u>リス的動物である

> ギリシャ思想は
> どの公務員試験
> でもよく出ます！
> いま一度確認して
> おきましょう。

経験論・合理論

ゴロあわせ 4つの結婚白紙はショックでかいわ！

人物	キーワード
<u>ベ</u>ーコン	**4つ**のイドラ・**経験論**
<u>ロ</u>ック	**白紙**（タブラ・ラサ）
<u>デ</u>カルト	「**われ思う故にわれあり**」

実存主義

ゴロあわせ やっぱり、サルは無理！ ハイジか神に聞いたる！

人物	キーワード	人物	キーワード
<u>ヤ</u>スパース	**理**想と実存	<u>ニ</u>ーチェ	**神**は死んだ・
<u>サル</u>トル	存在と**無**		**ニ**ヒリズム
<u>ハイ</u>デッガー	存在と**時間**	<u>キ</u>ルケゴール	死に**至る病**
（ハイデガー）			

中国思想

ゴロあわせ こじれて悪順だ！　漢方飲もうぜ、僕いもけんぴ

人物	キーワード
孔子	<u>仁・礼</u>、徳治主義
荀子	<u>性悪説</u>、礼を重んじる
韓非子	<u>法</u>治主義
孟子	性<u>善</u>説、王道政治
墨子	<u>兼</u>愛、非攻

近代西洋思想

ゴロあわせ マー君パパ、えぐいユーモア、もーえーわ！

人物	キーワード
マキャベリ	<u>君</u>主論
パスカル	パンセ
エラスムス	愚神礼讃
トマス＝**モア**	<u>ユー</u>トピア
モンテーニュ	<u>エ</u>セー（随想録）

近代日本思想

ゴロあわせ 副店長！　うちの２つの納豆にジュースいやだって皆！

人物	キーワード
福沢諭吉	**天**賦人権説
内村鑑三	**二つの**J
中江兆民	**東洋のルソー**
西田幾多郎	**純粋**経験
柳田國男	**民俗学**

近代西洋思想は地方公務員、近代日本思想は警察の試験でよくねらわれるポイントです！

江戸の三大改革

改革名と中心人物を間違えて覚えやすいのが、江戸の三大改革。
ゴロあわせで覚えましょう！

覚えるのはコレ！ 江戸の三大改革と中心人物

5代将軍綱吉のころから幕府の財政は悪化。幕府は財政を立て直すためにさまざまな改革を行い、幕藩体制の維持を図りました。特に、財政再建に取り組んだ享保・寛政・天保の三大改革が有名です。

改革名	中心人物
享保の改革	徳川吉宗
寛政の改革	松平定信
天保の改革	水野忠邦

日本史の頻出分野ですので、必ず押さえましょう。そこで超速！

超速ゴロあわせ！ よし！　今日完成を待つ水鉄砲

・よし：徳川吉宗　　　　・今日：享保の改革
・完成：寛政の改革（を）・待つ：松平定信
・水　：水野忠邦　　　　・鉄砲：天保の改革

例 題 正しい組み合わせを選べ。

①享保の改革（徳川吉宗・松平定信・水野忠邦）

②寛政の改革（水野忠邦・新井白石・松平定信）

③天保の改革（徳川吉宗・水野忠邦・田沼意次）

中心人物と改革名の組み合わせがわかるだけで、誤った選択肢を切ることができます。しっかり覚えましょう！

正解 ①<u>徳川吉宗</u> ②<u>松平定信</u> ③<u>水野忠邦</u>

❺

日本史

類題演習・もう1問！

江戸の三大改革の改革と人物の組み合わせとして、もっとも妥当なものはどれか。

1. 享保の改革 ― 徳川吉宗
2. 寛政の改革 ― 新井白石
3. 寛政の改革 ― 水野忠邦
4. 天保の改革 ― 田沼意次
5. 天保の改革 ― 松平定信

解答・解説

・<u>享保</u>の改革：徳川吉宗

・<u>寛政</u>の改革：松平定信

・<u>天保</u>の改革：水野忠邦

です。したがって、正解は <u>1</u> になります。

正解 <u>1</u>

享保の改革

三大改革の中でも特に覚える政策が多い改革です。ここはゴロ
あわせで一撃！

覚えるのはコレ！ 享保の改革のおもな内容

8代将軍徳川吉宗、自らが改革

株仲間	商工業者の同業組合で、享保の改革時には<u>公認</u>されていた
公事方御定書（くじかた おさだめがき）	裁判や刑罰の基準や判例の集大成
目安箱	庶民の声を聞くためのアンケートボックス
足高の制（たしだか せい）	石高（こくだか）の低い有能な人材を登用するための制度 石高の足りない者が役職に就く場合は、在職中のみ不足分を支給する
上げ米の制	大名に1万石につき100石の米を幕府に上納させ、その代わり参勤交代の江戸滞在期間を半年に短縮する制度
相対済し令（あいたいすまし れい）	金銭貸借に関する問題は当事者どうしで解決させる（訴訟は受けつけない）
定免法（じょうめんほう）	年貢率の固定

株仲間は「公認」か「解散」かで、引っかけ問題がよく
出ます。しっかり押さえましょう。そこで超速！

超速ゴロあわせ！ **今日かなこ9時目安に足上げて会いたい**

- ・今日 ：享保の改革
- ・9時 ：公事方御定書
- ・足 ：足高の制
- ・会いたい：相対済し令
- ・かなこ：株仲間公認
- ・目安 ：目安箱 （に）
- ・上げて：上げ米の制

例題 享保の改革に関連するものを、すべて選べ。
（株仲間公認・七分積金・囲い米・目安箱・上知令）

享保の改革を押さえると、ほかの項目の選択肢もかなり切ることができます。まずはこの政策をしっかり確認しましょう！

正解 株仲間公認・目安箱

類題演習・もう1問！

享保の改革に関する記述として、妥当なものはどれか。

1. 各地に社倉や義倉を設け、飢饉に備えて米穀を蓄えさせたほか、江戸では町入り（町費）の一部を積み立てさせる七分積金を行った。

2. 庶民の意見を聞くため、評定所前に目安箱を設置したほか、裁判の基準として公事方御定書を制定した。

3. 農村の人口を増加させるため人返しの法を出して農民の出稼ぎを禁じ、江戸に流入した居住者を帰らせた。

4. 旗本・御家人を救済するため、棄捐令を出して札差などからの借金を帳消しにした。また朱子学以外の研究を禁じた。

5. 物価を引き下げるため、商品流通を独占している株仲間を解散させ、商人の自由な営業を認めた。

解答・解説

七分積金、棄捐令（きえんれい）は寛政の改革、人返しの法は天保の改革です。また、享保の改革では株仲間を公認しています。

正解 2

寛政の改革

三大改革の中盤戦！ まだまだ覚えることがありますが、ここはゴロあわせで即覚えましょう！

覚えるのはコレ！ 寛政の改革のおもな内容

老中松平定信による重農主義的政策

（旧里）帰農令	農村再建のため、農民の出稼ぎを禁止し、江戸に流入していた者に帰村・帰農を奨励した
七分積金	町人に節約を命じ、節約分の70％を積み立てさせ、飢饉・災害などに備えさせた
人足寄場	職業訓練所
囲い米の制	飢饉に備えて米を蓄えさせた
寛政異学の禁	朱子学を幕府の正学とし、それ以外の学問を禁止した
棄捐令	幕府に仕える旗本・御家人の貧困を救うために、金融業者からの借金を帳消しにした
株仲間	寛政の改革でも公認された

> 寛政の改革の帰農令は農民の帰村を「奨励」し、
> 天保の改革の人返しの法は、帰村を「強制」しています。
> 帰農令も超速で覚えてしまいましょう！

超速ゴロあわせ！ 昨日７人で囲った米完成！

- ・昨日：帰農令
- ・７　　　：七分積金
- ・人　：人足寄場 （で）
- ・囲った米：囲い米の制
- ・完成：寛政異学の禁

例 題 寛政の改革に関連するものを選べ。

① （旧里帰農令・目安箱・人返しの法）
② （株仲間解散・人足寄場・上知令）
③ （足高の制・上げ米の制・囲い米の制）

享保の改革・寛政の改革を押さえれば、江戸の三大改革に関する試験問題にほぼ100％対応が可能になります！

正解 ①旧里帰農令　②人足寄場　③囲い米の制

類題演習・もう1問！

寛政の改革について、正しい記述はどれか。

1. しばらく民衆が飢えないようにするために米を備蓄する制度として、囲い米を実施した。
2. 物価上昇の原因であると考え、株仲間を解散させた。
3. 農村の人口減少と江戸の人口増加が財政悪化の原因であるとして、人返しの法を制定した。
4. 足高の制を整えて役職ごとに禄高を決め、禄高分の給料を支払うしくみを整えた。
5. 上げ米を命じ、一定期間、1万石につき100石の米を上納させた。

解答・解説

株仲間の解散、人返しの法は<u>天保</u>の改革、足高の制、上げ米は<u>享保</u>の改革です。

正解 1

天保の改革

ここで江戸の三大改革は終了です。最後の最後、ゴロあわせで
確実に暗記しましょう！

覚えるのはコレ！ 天保の改革のおもな内容

老中水野忠邦による改革

人返しの法	江戸に流入した者を強制的に帰村させた
上知令（あげ ち れい）	江戸・大坂周辺地域の直轄化をめざした
株仲間	天保の改革では解散となった

※上知令は、御家人・旗本から反対され、水野忠邦は失脚しました

天保の改革では、株仲間が「解散」させられたところが
引っかけで出題されます。超速で覚えましょう！

超速ゴロあわせ！ テンポよく強制的に人返す。「散れ！ 解散!!」

- ・テンポ：天保の改革 （よく）
- ・人返す：人返しの法
- ・解散 ：株仲間解散
- ・強制的に：強制
- ・散れ ：上知令

例 題 天保の改革に関連するものを選べ。

① （旧里帰農令・目安箱・上知令）

② （株仲間解散・人足寄場・囲い米の制）

③ （足高の制・人返しの法・人足寄場）

江戸時代はまず、三大改革を押さえることで土台ができます。

①上知令　②株仲間解散　③人返しの法

類題演習・もう1問！

江戸時代の出来事として、正しいものはどれか。

	改革名	人物	制度
1	天保の改革	徳川家綱	公事方御定書
2	寛政の改革	松平定信	目安箱
3	享保の改革	田沼意次	人足寄場
4	天保の改革	水野忠邦	人返しの法
5	享保の改革	徳川吉宗	上知令

解答・解説

享保の改革－徳川吉宗・公事方御定書・目安箱・上げ米の制

寛政の改革－松平定信・人足寄場

天保の改革－水野忠邦・人返しの法・上知令

であるため、正解は4になります。

正解　4

これで本試験で頻出の江戸の三大改革が
完了です。いま一度それぞれの内容を復習
しておきましょう。

❺

日本史

日清戦争

日清戦争と日露戦争の比較は頻出です。ゴロあわせを駆使して、
即１点につなげましょう！

覚えるのはコレ！ 日清戦争に関するできごと

きっかけ	東学党の乱（甲午農民戦争）
経過	朝鮮が清に救援要請し、清が出兵 　→日本も出兵し、朝鮮で開戦 　→日本勝利
条約	下関条約
代表	日本：伊藤博文・陸奥宗光　清：李鴻章
内容	・朝鮮の独立の承認 ・遼東半島、澎湖諸島、台湾を日本に渡す ・賠償金２億両（テール）
その後	ロシア、フランス、ドイツの３つの国の圧力により、 遼東半島は清に返還（三国干渉）

日露戦争との違いは、賠償金をもらっている
ことです。そこで超速！

超速ゴロあわせ！ おとんの親戚２億投稿

- おとん：遼東半島　（の）
- 親　　：日清戦争
- 戚　　：下関条約
- ２億　：賠償金２億両（テール）
- 投　　：東学党の乱
- 稿　　：甲午農民戦争

例題 日清戦争に関して、正しいものをすべて選べ。
（賠償金なし・遼東半島獲得・下関条約）

日清戦争を押さえると、日露戦争の問題にも対応が可能です！

正解 遼東半島獲得・下関条約

類題演習・もう１問！

日清戦争に関する記述として、妥当なものはどれか。

1. 日清戦争は、1894年から1895年にかけて盧溝橋事件を
きっかけに中国との間で行われた戦争である。

2. 日清戦争は日本の勝利に終わり、日本全権の伊藤博文と
清国全権の李鴻章との間でポーツマス条約が締結され
た。

3. 日清戦争後、清国は遼東半島を日本に割譲したが、これ
が東アジア進出をめざすロシアを刺激。ロシアはフラン
ス・ドイツ両国を誘って同半島の返還を日本に要求した。

4. 日本国民は大幅な増税に耐えて日清戦争を支えたが、賠
償金がまったくとれない講和条約に不満を爆発させ、日
比谷焼き打ち事件が起きた。

解答・解説

1：×開戦のきっかけは、東学党の乱（甲午農民戦争）です
2：×日清戦争後は下関条約が締結されました
3：○正しい
4：×日清戦争では2億テールの賠償金がありました

正解 3

歴代内閣

歴代首相と特徴の組み合わせは無数にあります。ゴロあわせで必修ポイントを即暗記！

覚えるのはコレ！ 原 敬 内閣と加藤高明内閣
はらたかし

〈原敬内閣〉

パリ講和会議	第一次世界大戦後の講和会議
国際連盟加盟	国際連盟は平和原則十四カ条に基づき設立
選挙法改正	3円以上納めた満25歳以上の男子に選挙権

〈加藤高明内閣〉

治安維持法	社会主義運動を取り締まるための法律
普通選挙法	納税要件を撤廃 満25歳以上のすべての男子に選挙権
日ソ基本条約	ソ連との国交樹立

歴代内閣の中でも、原敬内閣と加藤高明内閣は頻出です。しっかり押さえましょう。そこで超速！

超速ゴロあわせ！ ①払ったか？　パリコレ1000回分
②加藤はイジると普通にそっけない

・払ったか：原敬　　　　　　・パリ　：パリ講和会議
・コレ　　：国際連盟　　　　・1000回：選挙法改正　（分）
・加藤　　：加藤高明　（は）・イジる　：治安維持法　（と）
・普通　　：普通選挙法
・にそっ　：日ソ基本条約　（けない）

例題 正しい組み合わせをすべて選べ。

①原敬内閣

（ロンドン海軍軍縮会議・パリ講和会議・選挙法改正）

②加藤高明内閣（普通選挙法・治安維持法・治安警察法）

治安維持法と治安警察法の引っかけは頻出です！

正解 ①パリ講和会議・選挙法改正

②普通選挙法・治安維持法

類題演習・もう１問！

次の記述に関する人物として、妥当なものはどれか。

1918年に第3代立憲政友会総裁として、華族の爵位を持っていない最初の首相となり、陸・海軍大臣、外務大臣以外のすべての閣僚を政友会員で占める本格的な政党内閣を組織した。国民の支持を背景に教育の充実、交通機関の整備、選挙権の拡張など積極的な政策を次々と展開し、また対外関係では、パリ講和会議にてヴェルサイユ条約に調印、国際連盟に加盟するなどした。

1．大隈重信　　2．加藤高明　　3．高橋是清

4．寺内正毅　　5．原敬

解答・解説

「本格的な政党内閣」「パリ講和会議」「国際連盟に加盟」などを実行したのは原敬内閣です。

正解 5

常任理事国

単純に暗記すると難しいうえに忘れがちですが、ゴロあわせなら即覚えられます！

覚えるのはコレ！ 安全保障理事会の常任理事国

常任理事国とは、国際連合の安全保障理事会において、恒常的に理事国である国です。常任理事国には議案を拒否する拒否権が与えられ、1か国でも拒否権を発動すれば、決議案は否決されます。

〈拒否権が与えられている安全保障理事会常任理事国〉
・アメリカ
・フランス
・ロシア
・中国
・イギリス

> 日本史以外でも、社会科学で出題がある分野です。
> 超速で覚えましょう！

超速ゴロあわせ！ アフロ注意っす！

・ア　　：アメリカ
・フ　　：フランス
・ロ　　：ロシア
・注　　：中国
・意っす：イギリス

例題 国際連合の安全保障理事会で拒否権がある国をすべて答えよ。

(　　　　　・　　　　・　　　　・　　　　・　　　　)

常任理事国の拒否権は出題が多いです。「出ないでしょ」と高をくくらず、押さえておいてライバルに差をつけましょう！

正解 アメリカ・フランス・ロシア・中国・イギリス

類題演習・もう1問！

国際連合の安全保障理事会において拒否権を与えられている国として、もっとも妥当なものはどれか。

1. 日本
2. ドイツ
3. 中国
4. イタリア
5. スペイン

解答・解説

拒否権が与えられている国は下記の通りです。

・アメリカ
・フランス
・ロシア
・中国
・イギリス

したがって、正解は 3 になります。

正解 3

鎌倉仏教

鎌倉仏教の宗派と開祖を押さえるゴロあわせはコレ！

覚えるのはコレ！ 鎌倉仏教の宗派や開祖など

宗派	開祖	主著	特徴
浄土宗	法然	選択本願念仏集	専修念仏：ただひたすら「南無阿弥陀仏」と唱えることで成仏
浄土真宗	親鸞	教行信証	悪人正機説：悪人こそが救われると主張
時宗	一遍	―	踊念仏：字が読めない地方武士や貧しい民衆にも広まる
法華宗	日蓮	立正安国論	「南無妙法蓮華経」の題目を唱える
臨済宗	栄西	興禅護国論	禅問答を用いて悟りを開く
曹洞宗	道元	正法眼蔵	只管打座：ひたすらに座禅することで悟りを開く

宗派と開祖の組み合わせがわかれば選択肢の取捨選択が可能です。そこで超速！

超速ゴロあわせ！ 情報知らんし1時にえり同窓会

- ・情報 ：浄土宗・法然
- ・知らんし：親鸞・浄土真宗
- ・1時 ：一遍・時宗 （に）
- ・えり ：栄西・臨済宗
- ・同窓 ：道元・曹洞宗 （会）

例題 宗派と開祖に関して、正しいものを選べ。

①浄土宗（法然・親鸞・道元）

②浄土真宗（一遍・親鸞・法然）

③時宗（栄西・一遍・道元）

鎌倉仏教は宗派と開祖を押さえるだけで解けるようになります！

正解 ①**法然** ②**親鸞** ③**一遍**

類題演習・もう１問！

鎌倉時代の仏教思想家の記述として、正しいのはどれか。

1. 法然は、戒律を守り身と心を清浄にし、座禅につとめるならば、自己の内なる仏の知に目覚め、他者をも安楽にできると説き、臨済宗を伝えた。

2. 親鸞は、煩悩を捨てきれない悪人であると自覚した人は、他力に委ねる心があるため往生できるとする悪人正機説を説き、浄土真宗を開いた。

3. 栄西は、往生のためには、ほかの修行を差し置いて称名念仏に専念するだけでよいとする専修念仏を説き、浄土宗を開いた。

4. 道元は、南無妙法蓮華経という題目を唱えれば、人はその功徳を譲りあたえられ、誰でも仏となることができると説き、法華宗を開いた。

解答・解説

臨済宗の開祖は**栄西**、浄土宗の開祖は**法然**、法華宗の開祖は**日蓮**です。したがって、正解は **2** になります。

正解 **2**

❺

日本史

不平等条約改正

不平等条約改正の中で特に重要な2人の人物の比較は、ゴロあわせで一発です！

| 覚えるのはコレ！ | 不平等条約の改正に関するおもな人物 |

名前	内容
岩倉具視（いわくらともみ）	1871年に条約改正の予備交渉へと派遣
寺島宗則	アメリカとの関税自主権回復には合意できたが、イギリス・ドイツが合意しなかったため無効に終わる
井上 馨（いのうえかおる）	領事裁判権の撤廃をめざし鹿鳴館の舞踏会など欧化政策を行うが、失敗に終わる
大隈重信	領事裁判権の撤廃をめざし、大審院（現在の最高裁判所）に限り外国人判事を任用する案を示したが、失敗
青木周蔵	領事裁判権の撤廃を内容とする改正交渉は順調に進んだが、大津事件が起きたため、交渉は中断
陸奥宗光（むつむねみつ）	イギリスと日英通商航海条約を締結し、ついに**領事裁判権の撤廃と関税自主権の一部回復**を達成
小村寿太郎（こむらじゅたろう）	日露戦争の勝利を背景に交渉を有利に進め、1911年に改正日英通商航海条約を締結し、**関税自主権の完全回復**を達成

名前と内容を一致させるような問題がよく出題されます。そこで超速！

無料交換！

- 無：陸奥宗光　　　・料：領事裁判権の撤廃
- 交：小村寿太郎　　・換：関税自主権の回復

例題　人物と功績の正しい組み合わせを選べ。
①陸奥宗光（関税自主権の完全回復・領事裁判権の撤廃）
②小村寿太郎（領事裁判権の撤廃・関税自主権の完全回復）

陸奥宗光と小村寿太郎の比較がポイント！

正解　①領事裁判権の撤廃　②関税自主権の完全回復

❺

日本史

類題演習・もう1問！

A〜Eに入る語句の組み合わせで、正しいものはどれか。

不平等条約改正交渉の度重なる失敗に、政府は民党側から激しく攻撃された。この問題の解決を急いだ政府は（A）が外務大臣に就任すると、（B）をイギリスに派遣して交渉を進め、1894（明治27）年7月、（C）などを内容とする日英通商航海条約の調印に成功した。さらに1911（明治44）年、外務大臣（D）の条約改正によって（E）もなされ、開国以来半世紀を経て、日本は条約上各国と対等の地位を得るに至った。

1.　A：青木周蔵　　　　　B：小村寿太郎
　　C：関税自主権の完全回復　D：陸奥宗光
　　E：領事裁判権の撤廃

2. A：陸奥宗光　　　　　　B：青木周蔵
　　C：関税自主権の完全回復　D：小村寿太郎
　　E：領事裁判権の撤廃

3. A：小村寿太郎　　　　　　B：陸奥宗光
　　C：関税自主権の完全回復　D：青木周蔵
　　E：領事裁判権の撤廃

4. A：陸奥宗光　　　　　　　B：青木周蔵
　　C：領事裁判権の撤廃　　　D：小村寿太郎
　　E：関税自主権の完全回復

5. A：小村寿太郎　　　　　　B：青木周蔵
　　C：領事裁判権の撤廃　　　D：陸奥宗光
　　E：関税自主権の完全回復

解答・解説

領事裁判権の撤廃などを内容とする日英通商航海条約の調印に成功した際の外務大臣は陸奥宗光で、青木周蔵を派遣しました。また、小村寿太郎の条約改正により、関税自主権の完全回復がなされ、条約上各国と対等の地位を得るに至りました。したがって正解は4になります。

 正解　4

まずはゴロあわせをしっかりと覚え、そこから206ページの表にあるような周辺知識をインプットしていきましょう！

日本史編

ここまでのゴロあわせとポイントをまとめました。大事なところを
サッと確認できるので、試験直前にも活用しましょう！

❺

日本史

江戸の三大改革

ゴロあわせ よし！ 今日完成を待つ水鉄砲

享保の改革 [徳川**吉宗**]	寛政の改革 [**松平**定信]	天保の改革 [**水**野忠邦]
株仲間公認	旧里帰農令	人返しの法
公事方御定書	七分積金	上知令
目安箱	人足寄場	株仲間解散
足高の制	囲い米の制	―
上げ米の制	寛政異学の禁	―
相対済し令	―	―
ゴロあわせ	**ゴロあわせ**	**ゴロあわせ**
今日かなこ9時目安 に足上げて会いたい	昨日7人で囲った 米完成！	テンポよく強制的に 人返す。「散れ！ 解散‼」

日清戦争

ゴロあわせ おとんの親戚2億投稿

日**清**戦争	
きっかけ	東学党の乱（**甲午**農民戦争）
条約	下関条約
内容	賠償金2億両（テール）
その後	遼東半島は清に返還（三国干渉）

歴代内閣：原敬内閣

ゴロあわせ 払ったか？　パリコレ 1000 回分

キーワード	概要
パリ講和会議	第一次世界大戦後の講和会議
国際連盟加盟	国際連盟は平和原則十四カ条に基づき設立
選挙法改正	3 円以上納めた満 25 歳以上の男子に選挙権

歴代内閣：加藤高明内閣

ゴロあわせ 加藤はイジると普通にそっけない

キーワード	概要
治安維持法	社会主義運動を取り締まるための法律
普通選挙法	納税要件を撤廃。満 25 歳以上のすべての男子に選挙権
日ソ基本条約	ソ連との国交樹立

常任理事国

ゴロあわせ アフロ注意っす！

安全保障理事会常任理事国：

アメリカ・**フ**ランス・**ロ**シア・**中**国・**イ**ギリス

拒否権を持つのはこの5か国！
意外と出題されるので、
ここで押さえておきましょう。

鎌倉仏教

ゴロあわせ 情報知らんし1時にえり同窓会

宗派	開祖	宗派	開祖
浄土宗	法然	法華宗	日蓮
浄土真宗	親鸞	臨済宗	栄西
時宗	一遍	曹洞宗	道元

あいまいな部分がないように直前期になったら
ゴロあわせ、例題、類問などを見返して、
本試験に万全の状態で臨みましょう。

不平等条約改正

ゴロあわせ 無料交換！

人物	キーワード
陸奥宗光	領事裁判権の撤廃
小村寿太郎	関税自主権の完全回復

このテーマではたくさんの人名が出てきますが、
出題されるのはほとんどが陸奥宗光と小村寿太郎の
比較です。ここでしっかり押さえておきましょう！

細胞小器官

各器官と働きを押さえることが重要です。ここはゴロあわせにお任せあれ！

覚えるのはコレ！ 細胞を構成する要素

名称	キーワード（働き・特徴）
ミトコンドリア	呼吸・ATP（エネルギー）合成の場
葉緑体	光合成の場／植物細胞で発達
リボソーム	タンパク質合成の場
小胞体	物質の輸送
ゴルジ体	タンパク質の濃縮
リソソーム	細胞内の不要物の分解
液胞	老廃物の貯蔵／植物細胞で発達
細胞膜	半透性、選択的透過性／脂質二重膜
中心体	細胞分裂に関与／動物細胞で発達
細胞壁	細胞の保護・形態を保つ／植物細胞のみに存在 主成分はセルロース

「ミトコンドリア」と「リボソーム」を逆にして出題する問題があるので、しっかり押さえましょう。そこで超速！

超速ゴロあわせ！ 三重横の、田んぼ所有！

- 三　：ミトコンドリア
- 重：エネルギーの合成
- 横　：葉緑体、光合成　（の）
- 田ん：タンパク質の合成
- ぼ：リボソーム
- 所　：小胞体
- 有：輸送

例題 細胞小器官の働きとして正しいものを選べ。

①ミトコンドリア（タンパク質の合成・ATPの合成）

②小胞体（物質の輸送・光合成の場）

生物の頻出テーマです。働きを結びつけることで対応できます！

正解 ① **ATPの合成** ② **物質の輸送**

類題演習・もう1問！

名称と働きの組み合わせとして、妥当なものはどれか。

1. ミトコンドリア　―　タンパク質の合成
2. ゴルジ体　　　　―　光合成の場
3. リボソーム　　　―　ATPの合成
4. 小胞体　　　　　―　物質の輸送

解答・解説

1：×ミトコンドリアは **ATPの合成** を行います

2：×光合成は **葉緑体** で行います

3：×リボソームはおもに **タンパク質の合成** を行います

4：○正しい

正解 4

6

生物

重要語句などをゴロあわせでしっかりと覚えて、解答できるようになりましょう。

原核生物・真核生物

原核生物と真核生物の違いは、ゴロあわせで一発です！

覚えるのはコレ！ 原核生物と真核生物の特徴

〈原核生物が持っている4つの細胞小器官〉

・細胞膜

・細胞壁（一部を除く）

・リボソーム

・DNA

①原核生物：核膜が<u>なく</u>、核構造を持た<u>ない</u>生物（細菌やラン藻）

②真核生物：核膜が<u>あり</u>、核構造を<u>持つ</u>生物

> 原核生物が持っている細胞小器官の
> 出題があります。
> 確実に押さえましょう。そこで超速！

超速ゴロあわせ！ マックへリボだな、申請あり！

・マック：細胞膜	・へ　　：細胞壁
・リボ　：リボソーム	・だな：DNA
・申請　：真核生物	・あり：あり

※原核生物は真核生物の特徴と逆になります

例題 原核生物が持っているものをすべて選べ。
（細胞膜・DNA・リボソーム・ミトコンドリア・リソソーム・ゴルジ体）

原核生物・真核生物は、特別区の試験でよく出題されます。ここを押さえると、細胞小器官の分野にもつながります！

正解 細胞膜・DNA・リボソーム

類題演習・もう1問！

A～Eの細胞の構造体のうち、原核細胞の持つ構造体を選んだ組み合わせはどれか。

A　液胞

B　核膜

C　細胞膜

D　ミトコンドリア

E　細胞壁

1．A・C

2．A・D

3．B・D

4．B・E

5．C・E

解答・解説

原核生物は液胞・核膜・ミトコンドリアは持っていません。したがって、正解は5となります。

正解 5

DNA

DNA と RNA の比較は頻出です。ここはゴロあわせでガチ暗記！

覚えるのはコレ！ DNA の構造など

DNA（デオキシリボ核酸）：遺伝子の本体

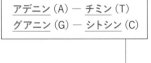

※アデニンとチミン、グアニンとシトシンが互いに対になるよう結合

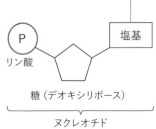

糖（デオキシリボース）

ヌクレオチド

二重らせん構造

「グアニン」を「ウラシル」で引っかける問題がよく出るので、しっかり押さえましょう。そこで超速！

超速ゴロあわせ！ あっちに具志堅

- あ ：アデニン （っ）
- ちに：チミン
- 具 ：グアニン
- 志 ：シトシン （堅）

例題 DNA の塩基として、誤っているものを選べ。
（アデニン・チミン・ウラシル・グアニン）

DNA と RNA の比較は、出題されるところが決まっています。ここを押さえれば対応が可能になります！

正解 **ウラシル**

類題演習・もう１問！

A〜Cに該当する語の組み合わせで、妥当なものを選べ。

DNA を構成するヌクレオチドの糖は（A）であり、塩基にはアデニン、（B）、（C）、シトシンの４種類がある。２本のヌクレオチド鎖は塩基を内側にして平行に並び、アデニンが（B）と、（C）がシトシンと互いに対になるように結合。はしご状の構造がねじれて二重らせん構造となる。

	A	B	C
1	デオキシリボース	ウラシル	グアニン
2	デオキシリボース	グアニン	チミン
3	デオキシリボース	チミン	グアニン
4	リボース	グアニン	チミン
5	リボース	チミン	ウラシル

解答・解説

ヌクレオチドの糖は**デオキシリボース**で、塩基は**アデニン**、**チミン**、**グアニン**、**シトシン**の４つです。

正解 **3**

❻

生物

呼吸

流れと ATP 合成量の組み合わせが超重要です！ ゴロあわせで
覚えましょう。

覚えるのはコレ！ 好気呼吸の流れと ATP 合成量

酸素を必要とする好気呼吸と、酸素を必要としない嫌気呼吸に分
かれます。好気呼吸の流れや ATP 合成量は以下の通り。

ATP 合成量	呼吸の流れ
2ATP 合成	解糖系
2ATP 合成	クエン酸回路
34ATP 合成	電子伝達系

> 流れとATP合成量の組み合わせをしっかり
> 押さえましょう。そこで超速！

超速ゴロあわせ！ ふぐ刺しは、解凍しないと、食えんと
　　　　　　　　　　　伝えておけ！

・ふ　：2ATP　　　　・解凍　：解糖系　（しないと）
・ぐ　：2ATP　　　　・食えん：クエン酸回路　（と）
・刺し：34ATP　（は）・伝えて：電子伝達系　（おけ）
※このゴロあわせはタテに見てください。左右が対応しています
　（例／ふ：2ATP　―　解凍：解糖系）

例題 ATP合成量の組み合わせで正しいものを選べ。

①解糖系（2ATP・34ATP・38ATP）

②クエン酸回路（34ATP・2ATP・4ATP）

③電子伝達系（38ATP・34ATP・2ATP）

呼吸は、流れとATP合成量の対応をしっかり押さえておくことで1点につながります！

正解 ① 2ATP　② 2ATP　③ 34ATP

類題演習・もう1問！

次のうち正しい組み合わせはどれか。

	名称	ATP合成量	場所
1	解糖系	34ATP	ミトコンドリア
2	解糖系	38ATP	ミトコンドリア
3	クエン酸回路	2ATP	ミトコンドリア
4	電子伝達系	2ATP	細胞質気質
5	電子伝達系	38ATP	細胞質気質

解答・解説

名称とATP合成量の組み合わせは下記の通りです。

・解糖系：2ATP

・クエン酸回路：2ATP

・電子伝達系：34ATP

呼吸はミトコンドリアが起点となるため、正解は3です。

正解 3

6

生
物

酵 素

生体触媒など、聞き慣れない言葉が並びますが、ゴロあわせで
覚えれば一発です！

覚えるのはコレ！ **酵素の特徴**

酵素とは生体内で働く生体触媒で、体内で起こる代謝を促進させ
る物質のこと。また、酵素が作用する物質を<u>基質</u>といいます。

〈酵素の特徴〉

①<u>生体触媒</u>：化学反応を<u>促進</u>するが自身は<u>変化しない</u>

②基質特異性：1種類の酵素は1種類の基質にのみ反応

③<u>熱に弱い</u>：酵素は<u>タンパク質</u>のため、熱すると変性し<u>失活</u>する

> 酵素は特徴を押さえると簡単に1点が取れます。
> 超速で覚えましょう！

超速ゴロあわせ！ **ショック！　家臣がいない！**
短パンで、熱に弱い

・ショック：生体触媒
・家臣　　：化学反応、促進　（がい）
・ない　　：変化しない
・短パン　：タンパク質　（で）
・熱に弱い：熱に弱い

例 題 酵素の特徴として正しいものをすべて選べ。
（熱に強い・生体触媒・自身は変化しない・アミノ酸でできている）

消防官の試験でよく出題があります！　受験する人は確実に押さえましょう。

正解　生体触媒・自身は変化しない

類題演習・もう１問！

生体内の化学反応に関するＡ〜Ｃの記述の正誤の組み合わせとして、もっとも妥当なものはどれか。

Ａ　酵素は、生体内の化学反応を促進するタンパク質で、生体触媒と呼ばれる。

Ｂ　化学反応の前後で酵素それ自体は変化しないため何度も再利用されるが、化学反応の種類に応じて多種多様な酵素が必要である。

Ｃ　酵素は、本来もっと高温で起こる反応を促進しているので、温度が高ければ高いほど働きが活発になり、化学反応が速くなる。

1. Ａ：正　Ｂ：誤　Ｃ：誤　　2. Ａ：誤　Ｂ：誤　Ｃ：正
3. Ａ：正　Ｂ：誤　Ｃ：正　　4. Ａ：正　Ｂ：正　Ｃ：誤
5. Ａ：誤　Ｂ：正　Ｃ：誤

解答・解説

Ａ：○酵素は<u>生体触媒</u>です

Ｂ：○酵素自身は<u>変化しません</u>

Ｃ：×酵素は熱に<u>弱い</u>です

正解　<u>4</u>

6

生物

神経系

神経系の中でも特に、交感神経と副交感神経は混同しやすい箇所です。ゴロあわせで覚えましょう！

覚えるのはコレ！ 神経系の構造

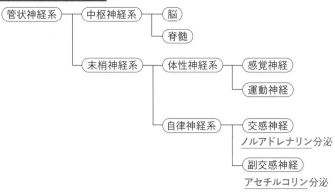

```
管状神経系 ─── 中枢神経系 ─── 脳
                          └─ 脊髄
           └─── 末梢神経系 ─── 体性神経系 ─── 感覚神経
                                          └─ 運動神経
                          └─── 自律神経系 ─── 交感神経
                                             ノルアドレナリン分泌
                                          └─ 副交感神経
                                             アセチルコリン分泌
```

> メルカトル図法と正距方位図法のポイントを正確に押さえましょう。そこで超速！

超速ゴロあわせ！ **河野は汗拭く**（こうの）

- ・河：交感神経
- ・汗：アセチルコリン
- ・野 ：ノルアドレナリン （は）
- ・拭く：副交感神経

例題 交感神経・副交感神経から分泌されるものを選べ。
①交感神経（ノルアドレナリン・インスリン・アドレナリン）
②副交感神経（チロキシン・アセチルコリン・エチレン）

たったこれだけのゴロあわせで、対応できる問題が増えます！
しっかり覚えておきましょう！

正解 ①**ノルアドレナリン** ②**アセチルコリン**

類題演習・もう1問！

空欄にあてはまる語句の組み合わせで妥当なものはどれか。

ヒトの自律神経系には、（ア）神経と（イ）神経の2種類が
あり、これらの神経の両方が分布している組織・器官が多い。
例えば、心臓に分布する（ア）神経は心臓の拍動を促進し、
（イ）神経は心臓の拍動を抑制する。一般に（ア）神経の末
端からは（ウ）と呼ばれる神経伝達物質が、（イ）神経の末
端からは（エ）と呼ばれる神経伝達物質が分泌される。

1. ア：交感　　　　　　　　イ：副交感
   ウ：ノルアドレナリン　　エ：アセチルコリン
2. ア：交感　　　　　　　　イ：副交感
   ウ：アセチルコリン　　　エ：ノルアドレナリン
3. ア：副交感　　　　　　　イ：交感
   ウ：インスリン　　　　　エ：グルカゴン
4. ア：副交感　　　　　　　イ：交感
   ウ：グルカゴン　　　　　エ：インスリン

解答・解説

交感神経からは**ノルアドレナリン**、副交感神経からは**アセ
チルコリン**が分泌されます。

正解 1

脳

5つの脳と働きの組み合わせは、ゴロあわせがあれば大丈夫！

覚えるのはコレ！ 中枢神経の名称と働き

名称		働き
脳	大脳	記憶、思考、本能的、情緒的行動の中枢
	間脳 （かんのう）	自律神経の中枢
	中脳	眼球運動、姿勢保持の中枢
	小脳	体の平衡保持
	延髄 （えんずい）	呼吸運動、心臓の拍動の中枢

どれも同じに見えてしまう……そこで超速！

超速ゴロあわせ！ 木田、時間、眼中になく、笑瓶と公園

- ・木：記憶
- ・時：自律神経
- ・眼：眼球運動
- ・笑：小脳
- ・公：呼吸

- ・田：大脳
- ・間：間脳
- ・中：中脳 （になく）
- ・瓶：平衡感覚 （と）
- ・園：延髄

例題 脳の働きとして正しいものを選べ。
①大脳（記憶・呼吸・眼球運動）
②中脳（平衡感覚・自律神経・眼球運動）

大脳だけの問題や、すべての場所が出る問題もあります。働きを組み合わせられるようにしましょう！

①記憶 ②眼球運動

類題演習・もう1問！

人間の脳に関する記述として、妥当なものはどれか。

1. 大脳は、左右の半球に分かれている。右半球は図形の認識、音楽的・芸術的な感性、創造力などの非言語的な機能に優れている。

2. 間脳には、呼吸運動、心臓の拍動、血管の収縮などを支配する中枢や消化管の運動や消化液の分泌を調節する中枢があり、生命の維持に直接関係する重要な働きをしている。

3. 中脳は、筋運動を調節し、体の平衡感覚を保つ中枢がある。魚類や鳥類のように水中や空中で運動する動物で発達している。

4. 延髄は視床と視床下部とに分かれ、視床は大脳に伝わる興奮を中継している。視床下部は、自律神経の最高中枢として体温などの調節を支配している。

解答・解説

選択肢2から順に、延髄、小脳、間脳に関する説明です。したがって正解は1です。

1

生物

ホルモン

ホルモンは特別区や東京消防庁の試験で頻出です。ゴロあわせを使って一発で暗記しましょう！

覚えるのはコレ！ ホルモンの分泌場所と名称

分泌場所	ホルモン名
副腎髄質（ふくじんずいしつ）	アドレナリン
副腎皮質	糖質コルチコイド
甲状腺	チロキシン
膵臓（すいぞう）ランゲルハンスα細胞	グルカゴン
膵臓ランゲルハンスβ細胞	インスリン
脳下垂体後葉	バソプレシン

> ランゲルハンスは特に迷ってしまいます……そこで超速！

超速ゴロあわせ！ 随分荒れた頭皮のコーチえぐいべ！ 罰走こわ！

・随分：副腎髄質　　　　　　　　・荒れた：アドレナリン
・頭　：糖質コルチコイド　　　　・皮　：副腎皮質 （の）
・コー：甲状腺　　　　　　　　　・チ　：チロキシン
・え　：ランゲルハンスα細胞　・ぐ　：グルカゴン
・い：インスリン　・べ：ランゲルハンスβ （ベータ）細胞
・罰走：バソプレシン　　　　　・こわ　：脳下垂体後葉
※このゴロあわせでは、α細胞は「えー」と読んでください

例題 分泌場所とホルモンについて正しいものを選べ。
副腎皮質 （糖質コルチコイド・インスリン・アドレナリン）

ホルモン名と分泌場所さえ押さえておけば、基本的にどんな問題にも対応可能です！

正解 糖質コルチコイド

類題演習・もう1問！

ヒトのホルモンに関する記述として、妥当なものはどれか。

1. 視床下部から分泌される糖質コルチコイドは、腎臓におけるナトリウムイオンの再吸収を促進する働きがある。

2. 甲状腺から分泌されるパラトルモンは、腎臓における水の再吸収を促進し、血圧を上昇させる働きがある。

3. 膵臓のランゲルハンス島から分泌されるグルカゴンは血糖量を増加させ、インスリンは血糖量を減少させる働きがある。

4. 副腎から分泌されるチロキシンは、血液中のナトリウムイオンやカリウムイオンの濃度を調節する働きがある。

5. 脳下垂体前葉から分泌されるバソプレシンは、血液中のカルシウムイオン濃度を増加させる働きがある。

解答・解説

1：×糖質コルチコイドは<u>副腎皮質</u>から分泌されます

2：×甲状腺から分泌されるのは<u>チロキシン</u>です

3：○正しい

4：×副腎から分泌されるのは<u>アドレナリン</u>や<u>糖質コルチコイド</u>です

5：×バソプレシンは<u>脳下垂体後葉</u>から分泌されます

正解 3

植物ホルモン

植物にもホルモンがあります。ここはゴロあわせを使って一発で覚えましょう！

覚えるのはコレ！ 植物ホルモンの名称と働き

名称	働き
オーキシン	頂芽優性
ジベレリン	発芽促進（種なしブドウ）
サイトカイニン	細胞分裂の促進
アブシシン酸	休眠の維持
エチレン	果樹の成熟促進・落葉の促進

※基本的に抑制するものはない→「抑制」とある選択肢は要注意！

人間と植物、それぞれにホルモンが
あって覚えるのが苦しい……そこで超速！

超速ゴロあわせ！ **王子解任！　あぶないエッチで ちょうぶさいくか**

- 王　　　：オーキシン
- 子　　　：ジベレリン
- 解任　　：サイトカイニン
- あぶない：アブシシン酸
- エッチ　：エチレン　（で）

- ちょう：頂芽優性
- ぶ　　：種なしブドウ
- さい　：細胞分裂の促進
- く　　：休眠の維持
- か　　：果樹の成熟促進

※このゴロあわせはタテに見てください。左右が対応しています
　（例／王：オーキシン　－　ちょう：頂芽優性）

例題 植物ホルモンの働きとして正しいものを選べ。

①エチレン（細胞分裂の促進・果樹の成熟促進）

②オーキシン（頂芽優性・種子の発芽）

植物ホルモンはよく出題されます。まずはホルモン名と働きを
しっかり暗記しておきましょう！

正解 ①果樹の成熟促進　②頂芽優性

類題演習・もう1問！

植物ホルモンに関する組み合わせとして、妥当なものはど
れか。

1. オーキシン　　　　─　頂芽優性
2. ジベレリン　　　　─　休眠の維持
3. サイトカイニン　　─　果樹の成熟促進
4. アブシシン酸　　　─　発芽促進（種なしブドウ）
5. エチレン　　　　　─　細胞分裂の促進

解答・解説

1：○正しい

2：×ジベレリンは種子の発芽の働きがあります

3：×サイトカイニンは細胞分裂の促進の働きがあります

4：×アブシシン酸は休眠の維持の働きがあります

5：×エチレンは果樹の成熟促進・落葉の促進などの働きが
　　あります

正解 1

❻

生
物

肝臓

肝臓の働きは腎臓の働きとよく比較されます。腎臓と混同しないよう、ゴロあわせで覚えましょう！

覚えるのはコレ！ 肝臓の特徴と働き

・グリコーゲンをグルコースに分解
・グルコースをグリコーゲンとして貯蔵
・体温の維持
・一番大きい臓器
・赤血球を破壊する
・有害なアンモニアを無害な尿素へ作りかえる

> 肝臓が「尿素」の合成で腎臓が「尿」の生成となります。この引っかけがよく出題されますので、しっかり押さえましょう！ そこで超速！

超速ゴロあわせ！ 肝臓は現コース分かい！
　　　　　　　　赤い血で体温大きい、ニアを尿掃除

・肝臓　：肝臓　（は）
・現　　：グリコーゲン　　　・コース：グルコース
・分かい：分解　※貯蔵は逆です
・赤い血：赤血球破壊　（で）・体温　：体温維持
・大きい：一番大きい　　　　・ニア　：アンモニア（を）
・尿そ　：尿素へ　（うじ）

例題 肝臓の特徴・働きとして妥当なものをすべて選べ。
（体温の維持・尿素の生成・尿の生成・赤血球破壊）

肝臓の働きを押さえると、膵臓の問題での選択肢カットにも役立ちます。

正解 **体温の維持・尿素の生成・赤血球破壊**

類題演習・もう1問！

ヒトの肝臓に関する記述として、妥当なものはどれか。

1. 肝臓は、心臓に次いで2番目に大きな臓器である。
2. 赤血球を含む血球の多くを作り出す臓器である。
3. タンパク質やアミノ酸の分解によって生じた有害な尿素を、毒性の低いアンモニアに作りかえる。
4. 肝臓内で行われる反応に伴って熱が発生し、体温の維持に役立っている。

解答・解説

1：×肝臓は**一番大きい**臓器です
2：×赤血球を**破壊**します
3：× **アンモニア**を**尿素**に作りかえます
4：○正しい

正解 4

免疫

免疫は流れが大切です！ ここはゴロあわせで即暗記しましょう！

覚えるのはコレ！ 免疫の種類など

免疫
- 自然免疫：生まれつき体に備わっているしくみ
- 獲得免疫
  - ①細胞性免疫
  - ②体液性免疫

〈細胞性免疫・体液性免疫〉

抗原侵入
→**マクロファージ**が
ヘルパー T 細胞に伝達

①細胞性免疫：
キラー T 細胞による**直接攻撃**

②体液性免疫：
B 細胞による**抗原抗体**反応

「細胞性免疫」と「体液性免疫」が逆になって
出題されるケースが多いです。そこで超速！

超速ゴロあわせ！ 鼓膜が減る、最近攻撃で対抗

- 鼓　：抗原侵入
- 減る：ヘルパー T 細胞
- 最　：細胞性免疫
- 攻撃：直接攻撃　（で）
- 対　：体液性免疫
- 膜：マクロファージ　（が）
- 近：キラー T 細胞
- 抗：抗原抗体反応

例題 正しい組み合わせを選べ。
①細胞性免疫（キラーT細胞による直接攻撃・抗原抗体反応）
②体液性免疫（抗原抗体反応・キラーT細胞による直接攻撃）

頻出ながら得点しにくいので、ゴロあわせでライバルをリード！

正解 ①<u>キラーT細胞による直接攻撃</u> ②<u>抗原抗体反応</u>

類題演習・もう1問！

ヒトの移植拒絶反応に関して、A〜Eに入る語句の組み合わせとして妥当なものはどれか。

他人の皮膚が移植されると、移植片の周りに（A）が集まり、異物が混入したことを（B）へ伝える。この（B）はある因子を分泌して、（C）に直接関わる（D）を刺激し、増殖させる。（D）の表面には（E）を認識するタンパク質があり、これにより（D）が特定の（E）を攻撃する。

1. A：マクロファージ　　B：ヘルパーT細胞
   C：細胞性免疫　　　　D：キラーT細胞　　　E：抗原

2. A：マクロファージ　　B：キラーT細胞
   C：細胞性免疫　　　　D：ヘルパーT細胞　　E：抗原

3. A：抗原　　　　　　　B：ヘルパーT細胞
   C：体液性免疫　　　　D：キラーT細胞　　　E：抗体

4. A：抗原　　　　　　　B：細胞
   C：体液性免疫　　　　D：ヘルパーT細胞　　E：抗体

解答・解説

異物に反応するのは<u>マクロファージ</u>です。　　**正解** <u>1</u>

生物編

ここまでのゴロあわせとポイントをまとめました。大事なところを
サッと確認できるので、試験直前にも活用しましょう!

細胞小器官

ゴロあわせ 三重横の、田んぼ所有!

名称	キーワード（働き・特徴）
ミトコンドリア	呼吸・ATP（**エネルギー**）合成の場
葉緑体	**光**合成の場
リボソーム	**タンパク質**合成の場
小胞体	物質の**輸送**

> 生物の中での頻出テーマ!
> しっかり押さえておきましょう。

原核生物・真核生物

ゴロあわせ マックへリボだな、申請あり!

〈原核生物が持っている4つの細胞小器官〉

細胞膜・細胞壁（一部を除く）・リボソーム・DNA

①原核生物：核膜がなく、核構造を持たない生物（細菌やラン藻）

②真核生物：核膜があり、核構造を持つ生物

DNA

ゴロあわせ あっちに具志堅

DNA の塩基：<u>ア</u>デニン (A)・<u>チ</u>ミン (T)・<u>グ</u>アニン (G)・<u>シ</u>トシン (C)

呼吸

ゴロあわせ ふぐ刺しは、解凍しないと、食えんと伝えておけ！

ATP 合成量	呼吸の流れ
<u>2</u>ATP 合成	解糖系
<u>2</u>ATP 合成	クエン酸回路
34ATP 合成	電子伝達系

流れとATP合成量の組み合わせを
覚えておけば、即1点につながる
箇所です。

6

生物

酵素

ゴロあわせ ショック！ 家臣がいない！ 短パンで、熱に弱い

①<u>生体触媒</u>：<u>化学反応を促進</u>するが自身は<u>変化し</u>ない
②<u>熱に弱い</u>：酵素は<u>タンパク質</u>のため、熱すると変性し失活する

神経系

ゴロあわせ 河野は汗拭く

①**交**感神経　：<u>ノルアドレナリン</u>
②**副**交感神経：<u>アセチルコリン</u>

▍脳

ゴロあわせ 木田、時間、眼中になく、笑瓶と公園

名称		働き
脳	**大脳**	記憶、思考、本能的、情緒的行動の中枢
	間脳	自律神経の中枢
	中脳	眼球運動、姿勢保持の中枢
	小脳	体の平衡保持
	延髄	呼吸運動、心臓の拍動の中枢

名称と働きの組み合わせで覚えましょう！

▍ホルモン

ゴロあわせ 随分荒れた頭皮のコーチえぐいべ！ 罰走こわ！

分泌場所	ホルモン名
副腎**髄**質	**ア**ドレナリン
副腎**皮**質	**糖質**コルチコイド
甲状腺	**チ**ロキシン
膵臓ランゲルハンス **α** 細胞	**グ**ルカゴン
膵臓ランゲルハンス **β** 細胞	**イ**ンスリン
脳下垂体**後葉**	**バ**ソプレシン

試験の直前期にもしっかりと見直しましょう。

植物ホルモン

ゴロあわせ 王子解任！　あぶないエッチでちょうぶさいくか

名称	働き
オーキシン	頂芽優性
ジベレリン	発芽促進（種なしブドウ）
サイトカイニン	細胞分裂の促進
アブシシン酸	休眠の維持
エチレン	果樹の成熟促進・落葉の促進

> ホルモンは人間と植物とがあってややこしいですが、それぞれの名称と特徴（分泌場所・働き）をしっかり押さえておきましょう！

6

生物

肝臓

ゴロあわせ 肝臓は現コース分かい！　赤い血で体温大きい、ニアを尿掃除

〈特徴〉
・グルコースをグリコーゲンとして貯蔵
・グリコーゲンをグルコースに分解
・赤血球を破壊する
・体温の維持
・一番大きい臓器
・有害なアンモニアを無害な尿素へ作りかえる

免疫

ゴロあわせ 鼓膜が減る、最近攻撃で対抗

抗原侵入→マクロファージがヘルパーT細胞に伝達
①細胞性免疫：キラーT細胞による直接攻撃
②体液性免疫：B細胞による抗原抗体反応

地球の内部構造

地球の内部構造は、4つの層と、そのあいだの3つの面を覚えることが大切です。ゴロあわせを使い、一発で押さえましょう。

覚えるのはコレ！ 地球の内部構造のイメージ

	主成分	状態	
地殻	上：花崗岩 下：玄武岩	固体	地表
モホ面			
マントル	かんらん岩	固体	
グーテンベルク面			
外核	鉄・ニッケル	液体	
レーマン面			
内核	鉄・ニッケル	固体	中心

「地殻」「マントル」「外核」「内核」の位置関係をしっかり押さえましょう。そこで超速！

超速ゴロあわせ！ 地下にマントがない！ もぐれ！

- ・地下：地殻 （に）
- ・が ：外核
- ・も ：モホ面
- ・れ ：レーマン面
- ・マント：マントル
- ・ない ：内核
- ・ぐ ：グーテンベルク面

例題 正しいものを選べ。

地殻とマントルの間の面（モホ面・レーマン面・グーテンベルク面）

地学の中でも超頻出分野です。場所をしっかり覚えましょう！

正解 <u>モホ面</u>

類題演習・もう1問！

下の図は地球の内部構造である。AからDに当てはまる組み合わせとしてもっとも妥当なものはどれか。

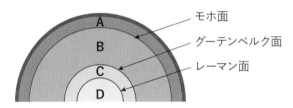

モホ面
グーテンベルク面
レーマン面

	A	B	C	D
1	地殻	マントル	内核	外核
2	マントル	地殻	外核	内核
3	地殻	マントル	外核	内核
4	マントル	地殻	内核	外核
5	地殻	外核	マントル	内核

解答・解説

外側から順に<u>地殻</u>、<u>マントル</u>、<u>外核</u>、<u>内核</u>です。

正解 <u>3</u>

地震

P波とS波の特徴は、ゴロあわせで正確に覚えましょう！

覚えるのはコレ！ P波とS波の特徴

地震波の実体波は、P波（初期微動）とS波（主要動）の2種類に分かれています。特徴は下記の通り。

	P波（初期微動）	S波（主要動）
波の種類	縦波	横波
伝わる場所	すべての物質中	固体のみ
伝わる速度	速い	遅い
エネルギー	小さい	大きい
種類	初期微動	主要動

> 遅いのか速いのか、縦なのか横なのか……そこで超速！

超速ゴロあわせ！ ピーターの全速、すぐよ、お好み

- ・ピー：P波
- ・全 ：すべての物質中
- ・すぐ：S波
- ・お ：遅い
- ・ター：縦 （の）
- ・速 ：速い
- ・よ ：横
- ・好み：固体のみ

例題 次の波の特徴のうち、正しい記述をすべて選べ。
① P波（縦波・遅い・固体のみ）
② S波（横波・速い・固体のみ）

地震の分野はまずP波とS波を押さえることが必須です。しっかり特徴を覚えると、試験問題も解けるようになります！

正解 ①<u>縦波</u>　②<u>横波・固体のみ</u>

類題演習・もう1問！

地震波に関する記述の空欄A〜Dにあてはまる語の組み合わせとして、正しいものはどれか。

P波は（A）波で（B）を伝わる。S波は（C）波で（D）を伝わる。

1. A：縦　　B：固体中のみ
   C：横　　D：液体中のみ
2. A：横　　B：すべての物質中
   C：縦　　D：固体中のみ
3. A：縦　　B：すべての物質中
   C：横　　D：固体中のみ
4. A：横　　B：液体中のみ
   C：縦　　D：すべての物質中
5. A：縦　　B：固体中のみ
   C：横　　D：すべての物質中

解答・解説

P波は「<u>縦波</u>で<u>すべての物質中</u>」、S波は「<u>横波</u>で<u>固体中のみ</u>」、という特徴をしっかり覚えておきましょう。

正解 <u>3</u>

火成岩

火成岩の分類は酸性岩・中性岩・塩基性岩と細かく分かれていますが、ゴロあわせなら一発です！

覚えるのはコレ！ 火山岩と深成岩の特徴

マグマが冷えて固まってできた岩石を火成岩と言います。火成岩はさらに火山岩と深成岩に分けられます。

〈火山岩〉地表付近で急に冷えて固まった岩石のこと。
　　斑状（はんじょう）組織となっている（図①）。

〈深成岩〉地下深くでゆっくり冷えて固まった岩石のこと。
　　等粒状（とうりゅうじょう）組織となっている（図②）。

【図①】 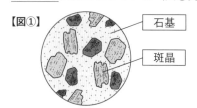 石基 斑晶

【図②】

火山岩と深成岩は、二酸化ケイ素の含有量によって酸性岩・中性岩・塩基性岩に分類されます。

	酸性岩	中性岩	塩基性岩
火山岩	流紋岩（りゅうもんがん）	安山岩（あんざんがん）	玄武岩（げんぶがん）
深成岩	花崗岩（かこうがん）	閃緑岩（せんりょくがん）	斑レイ岩（はんがん）

公務員試験では6つの岩石の分類が重要となります。
確実に覚えましょう。そこで超速！

三十円じゃ、刈り上げしかせんは！

- 三　：酸性　　・十：中性　　・円：塩基性　（じゃ）
- か　：火山岩　・り：流紋岩　・あ：安山岩　・げ：玄武岩
- し　：深成岩　・か：花崗岩
- せん：閃緑岩　・は：斑レイ岩

例題　次の問いに答えよ。

①火山岩である酸性岩は？　　②深成岩である中性岩は？

③火山岩である塩基性岩は？　④深成岩である酸性岩は？

火成岩は多くの試験で幅広く出題があります。岩の分類ができる
ようになっておきましょう！

正解　①流紋岩　②閃緑岩　③玄武岩　④花崗岩

❼

地学

類題演習・もう１問！

A～Dに当てはまる語句の組み合わせで妥当なのはどれか。

	塩基性岩	中性岩	酸性岩
火山岩	玄武岩	（ A ）	（ B ）
深成岩	（ C ）	（ D ）	花崗岩

1. A：安山岩　B：流紋岩　C：斑レイ岩　D：閃緑岩
2. A：安山岩　B：斑レイ岩　C：閃緑岩　D：流紋岩
3. A：閃緑岩　B：安山岩　C：流紋岩　D：斑レイ岩
4. A：閃緑岩　B：流紋岩　C：安山岩　D：斑レイ岩
5. A：斑レイ岩　B：流紋岩　C：安山岩　D：閃緑岩

解答・解説

分類の並びが左ページと逆になっていることに要注意です。

正解　1

大気圏

5つの空気の層の名称と特徴の組み合わせが厄介な部分ですが、ゴロあわせを使って撃退しましょう！

覚えるのはコレ！ 大気圏のキーワードなど

	地表からの距離	気温変化※	キーワード
外圏 （外気圏）	約500km〜	上昇 ⬆	バンアレン帯
熱圏	約80〜500km	上昇 ⬆	電離層・オーロラ
中間圏	約50〜80km	下降 ⬇	夜光雲
成層圏	約10〜50km	上部：上昇 ⬆ 下部：変化なし	オゾン層
対流圏	約10km	下降 ⬇	上昇気流・気象現象

※高度の上昇に伴う気温の変化を示しています

> 各層とキーワードを結びつけられるようにしておきましょう。そこで超速！

超速ゴロあわせ！ 外国人が熱中する整体、バーで夜お気に入り

- ・外国人：外圏 （が）
- ・熱 ：熱圏
- ・中 ：中間圏 （する）
- ・整 ：成層圏
- ・体 ：対流圏

- ・バ：バンアレン帯 （ー）
- ・で：電離層
- ・夜：夜光雲
- ・お：オゾン層
- ・気：気象現象 （に入り）

※このゴロあわせはタテに見てください。左の層と右のキーワードが対応しています

例題 大気圏を上から順に答えよ。

（　　　）圏・（　　　）圏・（　　　）圏・（　　　）圏・（　　　）圏

公務員試験の選択肢の数は5つ。層が5つなので問題が作りやすく、出題が多いです。1点とれるように準備しましょう！

正解 外（外気）圏・熱圏・中間圏・成層圏・対流圏

類題演習・もう1問！

地球の大気圏に関する記述A〜Dを地表に近いものから順に並べたとき、妥当なものはどれか。

A：オゾンの濃度が高い層があり、オゾンが紫外線を吸収して大気を暖めるため、上部ほど気温が上昇する。

B：イオンと電子が存在する高さ60kmから300kmまでに達する大気層である、電離層が存在している。

C：地球の磁場にとらえられた陽子（陽子線）、電子（ベータ線）からなる放射線帯の「バンアレン帯」がある。

D：高度とともに気温がほぼ一定の割合で低下し、その割合は100mにつき平均約0.6℃。気象現象が起きる。

1. A → C → D → B　　　2. A → D → B → C

3. D → A → C → B　　　4. D → A → B → C

5. D → B → C → A

解答・解説

A：オゾンの記述より**成層圏**だとわかります

B：電離層の記述より**熱圏**だとわかります

C：バンアレン帯の記述より**外圏**だとわかります

D：気象現象の記述より**対流圏**だとわかります

これらを地表から近い順に並べると D → A → B → C となります。

正解 4

惑星

8つの惑星の特徴を正確に一致させるのは難しいですが、ゴロあわせを使えば即暗記が可能です！

覚えるのはコレ！ 8つの惑星の特徴

型	惑星名	自転	公転	特徴
地球型惑星	水星	遅い	速い	気温変化が激しい、最小の惑星。質量が小さいため重力が小さく、大気が逃げやすい
	金星			自転がほかの惑星とは逆向きの時計回りとなっている
	地球			密度が最大の惑星
	火星			自転軸が傾いているため、四季がある。大気が薄く、主成分は二酸化炭素。極付近に極冠というドライアイスがある
木星型惑星	木星	速い	遅い	半径・質量ともに太陽系惑星の中で最大。大赤斑という大気の巨大な渦がある
	土星			リング（環）を持つ。ほとんど水素でできており、太陽系の中で密度がもっとも小さい
	天王星			大気中に赤い光を吸収するメタンがあるため青白い。自転軸が横倒し
	海王星			巨大な氷の惑星

惑星の名前と特徴を一致させると本試験にも対応することができます。超速で覚えましょう！

①水晶と金の時計は緻密で大事にかっきょいい！
②木曜大失敗でも土曜は浮き輪を持って晴天の海でカキ氷

- 水晶　　　　　　　　：水星、最小　（と）
- 金の時計　　　　　　：金星、時計回り　（は）
- 緻密で大事　　　　　：地球、密度最大　（に）
- かっきょいい　　　　：火星、極冠
- 木曜大失敗　　　　　：木星、最大　（でも）
- 土曜は浮き輪を持って：土星、環（わっか）
- 晴天　　　　　　　　：天王星、青白い　（の）
- 海でカキ氷　　　　　：海王星、氷

例題　惑星の特徴として正しいものを選べ。
水星（自転がほかの惑星と逆・太陽系で最小・横倒し）

水星・土星・木星はよく出題されるので押さえましょう！

正解　太陽系で最小

7

地学

類題演習・もう1問！

太陽系の惑星に関して、妥当なものはどれか。

1. 金星の極地方はドライアイスや氷で覆われている。
2. 火星の自転と公転の向きは地球と逆である。
3. 木星の密度・半径・質量は惑星の中で最大である。
4. 土星は平均密度が太陽系の惑星の中でもっとも小さい。

解答・解説

1は火星、2は金星についての記述で、惑星の中で密度が最大なのは地球です。

正解　4

太陽

太陽は場所によって名称が異なり、特徴も複数ありますが、ゴロ
あわせを使えば簡単に覚えられます！

覚えるのはコレ！　太陽の特徴

・恒星（自ら光を出している星）
・半径は約70万km（地球の約109倍）
・表面温度は約6,000K
・水素とヘリウムが核融合反応を起こしている
・主系列星に該当する

用語	内容
黒点	光球に黒っぽく見える低温の部分
光球	表面の層
彩層	太陽の大気の上にある層
フレア	黒点付近の彩層が突然明るくなる現象
コロナ	彩層の外側にある高温で希薄な大気層
プロミネンス	彩層からコロナへ吹き上がるガスの炎

太陽では「黒点」「光球」「彩層」「フレア」がよく出題
されますので、しっかり覚えましょう。そこで超速！

超速ゴロあわせ! 告って、コーヒーガブ飲み、明るく振れ！

・告って　　　：黒点、低温
・コーヒー　　：光球、表面
・ガブ飲み　　：ガスの炎、プロミネンス
・明るく振れ：明るくなる現象、フレア

例題 次の用語の特徴として妥当なものを選べ。

①黒点（周りより高温・周りより低温）

②光球（突然明るくなる現象・太陽の表面）

太陽は出題が多くなっている分野です。特に黒点が引っかけになりますので、押さえておきましょう！

正解 ①周りより低温　②太陽の表面

類題演習・もう１問！

太陽の表面に関する記述のA～Cに該当する語の組み合わせとして、妥当なものはどれか。

可視光線で見ることができる太陽の表面は、（A）という。（A）には、磁場が強く内部からの対流を妨げるため、周囲よりも温度が低い（B）が見られる。（B）付近の彩層が突然明るくなる現象を（C）という。

1. A：光球　　B：白斑　　C：フレア
2. A：光球　　B：黒点　　C：フレア
3. A：光球　　B：白斑　　C：プロミネンス
4. A：粒状斑　B：黒点　　C：プロミネンス
5. A：粒状斑　B：白斑　　C：プロミネンス

解答・解説

太陽の表面の層が光球、これの周囲よりも低温の部分が黒点、この付近の彩層が突然明るくなる現象がフレアです。

正解 2

ケプラーの法則

内容を理解するのが難しいケプラーの法則は、ゴロあわせでキーワードを整理しましょう！

覚えるのはコレ！ ケプラーの3つの法則

ドイツの天文学者ヨハネス・ケプラーによって発見された、惑星の運動に関する法則。

・第1法則：<u>楕円軌道</u>の法則
・第2法則：<u>面積速度</u>一定の法則
・第3法則：調和の法則⇒距離の<u>3乗</u>は公転周期の<u>2乗</u>に比例

> 第3法則の「3乗」「2乗」が逆になって出題されることがあるので、確実に押さえましょう。そこで超速！

超速ゴロあわせ！ ケプラーダメ、今日参考に！

・ケプラー　　：ケプラーの法則
・ダ　　　　　：楕円軌道　　・メ：面積速度
・今日参考に：距離3乗・公転周期・2乗

例 題 ケプラーの第3法則として、正しいほうを選べ。

惑星と太陽との平均距離の（①：3乗・2乗）は惑星の公転周期の（②：2乗・3乗）に比例する。

特別区などで過去数年にわたって出題があります。特に第3法則からよく出題されます！

正解 ①<u>3乗</u> ②<u>2乗</u>

類題演習・もう1問！

惑星の運動におけるケプラーの法則に関する記述のA～Cに該当する語の組み合わせとして、妥当なものはどれか。

第1法則とは、「惑星は、太陽を1つの焦点とする楕円軌道を描く」という法則のことである。
第2法則とは、「太陽と惑星を結ぶ線分が一定時間に描く（A）は一定である」という法則のことである。
第3法則とは、「惑星と太陽との平均距離の（B）は、惑星の公転周期の（C）に比例する」という法則のことである。

1．A：角度　　　B：2乗　　　C：3乗
2．A：角度　　　B：3乗　　　C：2乗
3．A：面積　　　B：2乗　　　C：2乗
4．A：面積　　　B：2乗　　　C：3乗
5．A：面積　　　B：3乗　　　C：2乗

解答・解説

ケプラーの法則のキーワードは、第1法則は「楕円軌道の法則」、第2法則は「面積速度一定の法則」、第3法則は「距離の3乗は公転周期の2乗に比例」です。しっかりと覚えておきましょう。したがって、正解は5となります。

正解　5

❼
地学

化石

古生代・中生代・新生代の化石はたくさんあり、覚えるのが大変ですが、ゴロあわせなら一発です！

覚えるのはコレ！ 化石とその年代

〈示相化石〉環境がわかる化石
〈示準化石〉時代がわかる化石

・古生代：三葉虫・フデイシ・シダ植物
・中生代：始祖鳥・恐竜・アンモナイト・裸子植物
・新生代：ビカリア・マンモス・被子植物

「古生代」「中生代」「新生代」で特に重要な化石を覚えておきましょう。そこで超速！

超速ゴロあわせ！ 高三の石田、中止、今日もないらしい
神秘的なビックリマン

・高	：古生代	・三	：三葉虫（の）
・石田	：フデイシ、シダ植物		
・中	：中生代	・止	：始祖
・今日	：恐竜	・もない	：アンモナイト
・らしい	：裸子植物		
・神	：新生代	・秘	：被子植物（的な）
・ビックリ	：ビカリア	・マン	：マンモス

例題 時代と化石の組み合わせで正しいものを選べ。

①古生代（アンモナイト・三葉虫・マンモス）

②中生代（始祖鳥・フデイシ・ビカリア）

③新生代（被子植物・シダ植物・裸子植物）

どの時代も同じだけ出題がありますので、代表例を押さえて本試験でも解けるようにしておきましょう！

正解 ①三葉虫　②始祖鳥　③被子植物

類題演習・もう1問！

化石と時代の組み合わせとして、もっとも妥当なものはどれか。

1. 中生代 ― 三葉虫
2. 古生代 ― ビカリア
3. 新生代 ― 裸子植物
4. 古生代 ― シダ植物
5. 新生代 ― 始祖鳥

解答・解説

1：×三葉虫は古生代の化石です

2：×ビカリアは新生代の化石です

3：×裸子植物は中生代の化石です

4：○正しい

5：×始祖鳥は中生代の化石です

正解 4

❼
地学

地学編

ここまでのゴロあわせとポイントをまとめました。大事なところを
サッと確認できるので、試験直前にも活用しましょう！

地球の内部構造

ゴロあわせ 地下にマントがない！　もぐれ！

	主成分	状態	地表
<u>地</u>殻	上：花崗岩 下：玄武岩	固体	↓
モホ面			
<u>マント</u>ル	かんらん岩	固体	
グーテンベルク面			
外<u>核</u>	鉄・ニッケル	液体	
レーマン面			
<u>内</u>核	鉄・ニッケル	固体	中心

地学の中でも超頻出の分野。覚えるこ
とが多くて大変ですが、ゴロあわせで
しっかり頭に入れておきましょう！

地震

ゴロあわせ ピーターの全速、すぐよ、お好み

	P 波（初期微動）	S 波（主要動）
波の種類	縦波	横波
伝わる場所	<u>すべて</u>の物質中	<u>固体</u>**のみ**
伝わる速度	<u>速い</u>	遅い

火成岩

ゴロあわせ 三十円じゃ、刈り上げしかせんは！

	酸性岩	**中性岩**	**塩基性岩**
火山岩	流紋岩	安山岩	玄武岩
深成岩	花崗岩	閃緑岩	斑レイ岩

色々な岩の名前が出てきます。分類ができるようになっておくことが大事です！

大気圏

ゴロあわせ 外国人が熱中する整体、バーで夜お気に入り

名称	キーワード
外圏（外気圏）	バンアレン帯
熱圏	電離層・オーロラ
中間圏	夜光雲
成層圏	オゾン層
対流圏	上昇気流・気象現象

超速ゴロあわせの章も終盤に近づいてきました。最後までしっかりと覚えて本試験でも確実に解答できるようになりましょう！

惑星

ゴロあわせ

①水晶と金の時計は緻密で大事にかっきょいい！
②木曜大失敗でも土曜は浮き輪を持って晴天の海でカキ氷

型	惑星名	特徴
地球型惑星	水星	もっとも小さい惑星
	金星	自転がほかの惑星とは逆向きの時計回りとなっている
	地球	密度が最大の惑星
	火星	極付近にはドライアイスがあり、極冠という
木星型惑星	木星	半径・質量ともに太陽系惑星の中で最大
	土星	リング（環）を持つ
	天王星	大気中に赤い光を吸収するメタンがあるため青白い
	海王星	巨大な氷の惑星

太陽

ゴロあわせ 告って、コーヒーガブ飲み、明るく振れ！

用語	内容
黒点	光球に黒っぽく見える低温の部分
光球	表面の層
彩層	太陽の大気の上にある層
フレア	黒点付近の彩層が突然明るくなる現象
プロミネンス	彩層からコロナへ吹き上がるガスの炎

ケプラーの法則

ゴロあわせ ケプラーダメ、今日参考に！

・第1法則：楕円軌道の法則
・第2法則：面積速度一定の法則
・第3法則：調和の法則→**距離**の3乗は**公転周期**の2乗に比例

> 近年、実際に出題されている分野です。特に第3法則がよく出るので、きちんと覚えておきましょう！

化石

ゴロあわせ 高三の石田、中止、今日もないらしい神秘的なビックリマン

・**古生代**：三葉虫・フデイシ・シダ植物
・**中生代**：始祖鳥・恐竜・アンモナイト・裸子植物
・**新生代**：ビカリア・マンモス・被子植物

> 地学分野も範囲が広いですが、ゴロあわせを覚えれば、不要な選択肢を切ることができるようになります。まずはしっかりと覚えていきましょう。

❼ 地学

オームの法則

重要であるオームの法則を覚えることで、本試験に対応できます！

覚えるのはコレ！ オームの法則の公式

重要公式（オームの法則）<u>V = IR</u>

V：<u>電圧</u>［V］　I：<u>電流</u>［A］　R：<u>抵抗</u>［Ω］

V=IRを覚えておくことで、IもRも出すことができます。
まずは重要公式をしっかり頭に入れておきましょう。
そこで超速！

超速ゴロあわせ！ 僕には愛がある

・僕：V （に）　・は ：＝

・愛：I （が）　・ある：R

例題 50Ωの抵抗に流れる電流が 0.2A のとき、電源電圧を求めよ。

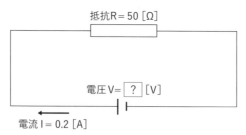

抵抗R = 50［Ω］

電圧V= ? ［V］

電流I = 0.2［A］

V = IR より、V = 0.2 × 50 = <u>10</u>［V］となります。

正解 <u>10V</u>

類題演習・もう1問！

導体の両端に20Vの電圧を加えたときに5Aの電流が流れた。この導体の抵抗値R［Ω］と、この導体の両端に24Vの電圧を加えたときに流れる電流I[A]の組み合わせとして、妥当なものはどれか。

1. 0.4［Ω］　　9.6［A］
2. 0.4［Ω］　　　6［A］
3. 4［Ω］　　　　6［A］
4. 4［Ω］　　　9.6［A］
5. 4［Ω］　　　　9［A］

解答・解説

まず1行目より、V = 20V、I = 5Aです。

抵抗をRとおくとオームの法則より、以下の①の式が成り立ちます。

20 = 5 × R　…①

R = 4Ω

次に2行目より、V = 24Vであり、①式よりR = 4Ωであるため、電流をIとおくと、オームの法則より、以下の②の式が成り立ちます。

24 = I × 4　…②

I = 6A

したがって、R = 4Ω、I = 6Aとなり、正解は3となります。

8

物理・化学

正解　3

炎色反応

学生時代に習った有名なゴロあわせで、公務員試験も対応が可能です！

覚えるのはコレ！ 元素と炎色反応

元素	炎色反応の色
リチウム（Li）	赤
ナトリウム（Na）	黄
カリウム（K）	紫
銅（Cu）	緑
バリウム（Ba）	黄緑
カルシウム（Ca）	橙
ストロンチウム（Sr）	紅

元素と炎色反応で示される色の組み合わせをしっかり押さえることで、試験問題が解けるようになります。超速で覚えましょう！

超速ゴロあわせ！ リアカーなきK村、動力に馬力借りようとするもくれない

- リ ：リチウム
- な ：ナトリウム
- K ：カリウム
- 動 ：銅
- ばり：バリウム
- 借り：カルシウム（よう）
- する：ストロンチウム（も）

- アカー ：赤
- き ：黄
- 村 ：紫
- カ ：緑（に）
- き ：黄緑
- と ：橙
- くれない：紅

例題 元素と炎色反応で示す色の組み合わせとして、正しいものはどれか。

①バリウム（青・赤・黄緑・紫）

②カリウム（紫・赤・黄・紅）

特に警察の試験でよく出題されているので、受験する方は要チェックです！

正解 ①黄緑　②紫

類題演習・もう1問！

元素と炎色反応で示す色の組み合わせとして、正しいものはどれか。

1. ナトリウム　―　赤
2. カルシウム　―　青緑
3. 銅　　　　　―　橙赤
4. カリウム　　―　紫
5. リチウム　　―　黄

解答・解説

1：×ナトリウム（Na）は黄です

2：×カルシウム（Ca）は橙です

3：×銅（Cu）は緑です

4：○正しい

5：×リチウム（Li）は赤です

正解 4

元素

公務員試験で出題される元素記号は、ゴロあわせで即覚えましょう！

覚えるのはコレ！ 元素の基本

・<u>1</u>族、<u>2</u>族、<u>12 〜 18</u> 族の元素：典型元素

　※族：周期表のタテの列。3 〜 11 族は遷移元素

・アルカリ土類金属：**カルシウム（Ca）・ストロンチウム（Sr）・バリウム（Ba）・ラジウム（Ra）**

> 典型元素・遷移元素を覚えることで、不要な選択肢を除外して問題が解けるようになります。超速で覚えましょう！

超速ゴロあわせ！ ①点検は胃に痔にいーわ！
②土にサルかバラ

・点検：典型元素 （は）	・胃 ：1族
・に ：2族	・痔にいーわ：12 〜 18 族
・土 ：アルカリ土類金属 （に）	
・サル：Sr	・か ：Ca
・バ ：Ba	・ラ ：Ra

例題 正しいものをすべて選べ。

①典型元素（1 族・2 族・3 族・4 族・12 族・13 族・15 族）

②遷移元素（1 族・2 族・4 族・8 族・16 族・17 族・18 族）

③アルカリ土類金属（ベリリウム・マグネシウム・ストロンチウム・カルシウム）

元素は「タテ」（族）で押さえると、問題に対応可能です！

正解 ① 1族・2族・12族・13族・15族 ② 4族・8族
③ストロンチウム・カルシウム

類題演習・もう1問！

A～Cの語句の組み合わせで妥当なものはどれか。

元素の周期表のタテの列を族と言い、1族、2族、12～18族の元素を（A）元素、3～11族の元素を（B）元素と言う。このうち、2族に属する元素の原子は、2価の陽イオンになりやすく、ベリリウムとマグネシウムを除く2族の元素を（C）と言う。

1. A：典型　B：遷移　C：アルカリ土類金属
2. A：遷移　B：典型　C：ハロゲン
3. A：遷移　B：典型　C：アルカリ土類金属
4. A：遷移　B：典型　C：アルカリ金属
5. A：典型　B：遷移　C：ハロゲン

解答・解説

1族、2族、12～18族の元素が典型元素で、3～11族の元素は遷移元素です。ベリリウムとマグネシウムは2族ですが、アルカリ土類金属ではありません。

正解 1

❽

物理・化学

同素体

元素の中でも細かい部分なので、ゴロあわせを駆使して覚えましょう！

覚えるのはコレ！ 押さえておきたい同素体

同じ元素から成る単体で性質の異なるもの。以下の4種類を覚えておきましょう。

- S（硫黄）
- C（炭素）
- O（酸素）
- P（リン）

> 水素や塩素などが引っかけとしてよく出るところです。4つの同素体をしっかり覚えましょう。そこで超速！

超速ゴロあわせ！ スコップ！

元素記号 S（硫黄）、C（炭素）、O（酸素）、P（リン）の頭文字をとって SCOP（スコップ）と覚えましょう！

例題 同素体ではないものを選べ。
（硫黄・酸素・塩素・リン・炭素）

警察の試験でよく出題される分野です。4つの同素体を覚えることで本番の問題に対応できます！

正解 塩素

類題演習・もう１問！

次のうち、同素体の組み合わせとして正しいものはどれか。

1. 硫黄・水素・リン・リチウム
2. 酸素・塩素・窒素・ケイ素
3. リン・炭素・二酸化炭素・水素
4. 炭素・硫黄・水素・リン
5. 酸素・リン・炭素・硫黄

解答・解説

同素体の組み合わせは硫黄・炭素・酸素・リンであるため、正解は5となります。

正解 5

知識系科目のゴロあわせも終わりが見えてきました。覚えることが多いですが、1つひとつ確実にインプットし、問題を解いてアウトプットして、知識を身につけていきましょう！

❽

物理・化学

電磁波

電磁波は波長の長い順で並べることが大切です。ゴロあわせで即覚えましょう！

覚えるのはコレ！ 電磁波の種類と利用例など

種類	利用例	波長
電波	テレビ・携帯電話	長
赤外線	リモコン	↑
可視光線	光学機器	
紫外線	殺菌	↓
X線	レントゲン	
γ線	放射線治療	短

電磁波は波長の長い順、もしくは短い順を問う問題が頻出です。超速で覚えましょう！

超速ゴロあわせ！ 長い出っ歯、石化し笑顔

- 長い ：長い順
- 出っ歯：電波
- 石 ：赤外線
- 化 ：可視光線
- し ：紫外線
- 笑 ：X線
- 顔 ：γ線（ガンマ線）

例 題 電磁波の波長を、長い順に並べよ。

(　・　　　・　　　・　　　・　　　・　　)

長い順に並べられると、本試験にもバッチリ対応できます！

正解 電波・赤外線・可視光線・紫外線・X線・γ線

類題演習・もう1問！

電磁波は波長範囲に応じて固有の名称がつけられている。
電磁波をおおむね波長の長い順に並べたものとして、もっとも妥当なものはどれか。

1. 電波 ＞ 赤外線 ＞ 可視光線 ＞ 紫外線 ＞ X線 ＞ γ線
2. 電波 ＞ 紫外線 ＞ 可視光線 ＞ 赤外線 ＞ γ線 ＞ X線
3. 赤外線 ＞ 紫外線 ＞ 可視光線 ＞ 電波 ＞ X線 ＞ γ線
4. 赤外線 ＞ γ線 ＞ 可視光線 ＞ 紫外線 ＞ X線 ＞ 電波
5. γ線 ＞ 紫外線 ＞ 可視光線 ＞ 赤外線 ＞ X線 ＞ 電波

解答・解説

波長の長い順に、<u>電波</u>・<u>赤外線</u>・<u>可視光線</u>・<u>紫外線</u>・<u>X線</u>・<u>γ線</u>となっています。

正解 <u>1</u>

❽

物理・化学

知識系科目もこれでラストです。
あいまいな部分は見直して、試験本番で
確実に解答できるようになりましょう！

物理・化学編

ここまでのゴロあわせとポイントをまとめました。大事なところを
サッと確認できるので、試験直前にも活用しましょう!

オームの法則

ゴロあわせ 僕には愛がある

重要公式(オームの法則)

V = IR

V:電圧 [V] **I**:電流 [A] **R**:抵抗 [Ω]

炎色反応

ゴロあわせ リアカーなきK村、動力に馬力借りようとするもくれない

元素	炎色反応の色
リチウム(Li)	赤
ナトリウム(Na)	黄
カ**リ**ウム(K)	紫
銅(Cu)	緑
バリウム(Ba)	黄緑
カルシウム(Ca)	橙
ストロンチウム(Sr)	紅

覚えにくい内容ですが、ゴロあわせでしっかりと
覚えて試験でも答えられるようになりましょう!

元素

ゴロあわせ

①点検は胃に痔にいーわ！

②土にサルかバラ

- 1族、2族、12〜18族の元素：典型元素
  ※族：周期表のタテの列。3〜11族は遷移元素
- アルカリ**土**類金属

カルシウム（Ca）・**スト**ロンチウム（Sr）・**バ**リウム（Ba）・**ラ**ジウム（Ra）

同素体

ゴロあわせ スコップ！

- S（硫黄）・C（炭素）・O（酸素）・P（リン）

電磁波

ゴロあわせ 長い出っ歯、石化し笑顔

種類	利用例	波長
電波	テレビ・携帯電話	長
赤外線	リモコン	↑
可視光線	光学機器	
紫外線	殺菌	↓
X線	レントゲン	
γ線	放射線治療	短

波長が長い順に覚えましょう！

❽ 物理・化学

おわりに

　数ある公務員試験の対策本の中から本書を手に取っていただき、本当にありがとうございます。

　本書は、教養の試験科目である数的処理や暗記が苦手な方でも楽しく学ぶことができ、少しでも試験対策を楽にできるように、そして「あと1点、2点伸ばしたい」「ライバルに少しでも差をつけたい」という受験生の願いをかなえられるようにとの思いを込めて執筆しました。

　数的処理に関しては、超速テクニックを使った解法を中心に解説しており、本試験での対応力が身につけられるようになっています。

　知識系科目に関しては、試験直前期に一気に詰め込んで得点につなげられるように、①覚えるのはコレ！（暗記のポイント）②超速ゴロあわせ！③例題④類題演習（過去問）＆解説を掲載しました。そのため、段階的に学習を進めることが可能です。

　参考書は、当然のことながら持っているだけでは得点アップにはつながりません。大切なのは、本書を「活用する」ことです。活用して初めて得点になります。

　普段の勉強時間に加えて、就寝前や通勤・通学中などの隙間時間を最大限に活用し、1点でも多く得点につなげられるように学習を進めてみてください。また、勉強のモチベーションが上がらないとき、やる気が起きないときなどに、気軽に本書を開き、勉強を始めるきっかけにしてもらえればと思います。

公務員試験は、自分との戦いの連続です。日々、幅広い科目を勉強しなければなりません。そのなかで思うように成績が伸びずに挫折を味わうこともあると思います。

　「本当に公務員試験に合格することができるのか」「このまま対策して試験に間に合うのか」などと不安になることも多いと思います。

　ですが、たくさんの受験生を指導してきて思うことがあります。それは「合格を信じ続けること」がもっとも大事ということです！

　焦ることなく、地に足をつけて一歩一歩着実に勉強を進めてください。それによって必ず合格できるのが、公務員試験でもあります。

　最後になりますが、1人でも多くの受験生が公務員試験の合格を勝ち取れるよう、本書が少しでも皆様の力になれば幸いです。私たちも日々、公務員試験の勉強の役に立つコンテンツを配信していきたいと思います。

　皆様が未来の公務員として活躍されることを切に願っております。

公務員試験　数的処理講師・たくまる

知識系科目講師・かずま

たくまる（三木 拓也（みき・たくや））

明治大学法学部を卒業後、大学院に進学。法務博士。国家総合職（法律区分）60位で最終合格。その後、専門学校教員と予備校講師として7年間で1,100名以上の公務員試験合格者を輩出。中央大学学内講座にて数的処理科目・法律系科目・経済系科目を担当しているほか、2020年に設立されたキャリアード合同会社が運営するオンラインスクール「公務員のライト」にて講義を行う。講師経験の通算で公務員一次試験の合格率は9割を超え、「公務員のライト」でも、一次試験の合格率は9割を超えている（担任サポートパックの購入者対象）。

かずま（山崎 和真（やまざき・かずま））

11年におよぶ公務員専門学校の教職員と大学（学内）講師歴において、筆記試験合格率は95％以上で100％も2回達成。現在講義を行っている「公務員のライト」でも筆記試験の合格率は9割を超え（担任サポートパックの購入者対象）、のべ合格数は2,760名以上におよぶ。数的処理科目、自然科学、人文科学を担当。

3分で学んで10秒で解ける！
たくまる＆かずまの公務員教養試験 超速テクニック集

2023年4月14日　初版発行

著者／たくまる、かずま

発行者／山下 直久

発行／株式会社KADOKAWA
〒102-8177　東京都千代田区富士見2-13-3
電話 0570-002-301（ナビダイヤル）

印刷所／株式会社加藤文明社印刷所

●お問い合わせ
https://www.kadokawa.co.jp/（「お問い合わせ」へお進みください）
※内容によっては、お答えできない場合があります。
※サポートは日本国内のみとさせていただきます。
※Japanese text only

定価はカバーに表示してあります。

©Takumaru, Kazuma 2023　Printed in Japan
ISBN 978-4-04-606063-1　C0030